**당신이 누구인지
책으로 증명하라!**

서문

내 인생을 바꾼 결정적 사건은 글쓰기이다

사람들은 누구나 잘살고 싶어한다. 팔자를 고치고 싶어한다. 앞이 보이지 않는 지금에서 벗어나 건강하고 충만하고 시간적, 경제적, 직업적으로 자유로운 그런 삶을 원한다. 서점에 있는 수많은 책 제목만 봐도 그 사실을 알 수 있다. 나 또한 오랜 세월 그런 변화를 꿈꾸며 살았고 환갑이 지난 지금 어느 정도 내가 원하는 삶을 살고 있다. 젊은 시절 내가 꿈꾸던 삶을 현재 살고 있다. 시간적, 경제적, 직업적으로 자유롭다. 다양한 종류의 책을 쓰고 그걸 토대로 기업을 대상으로 강의하고 독서토론회를 진행한다. 리더십 교육도 하고 커뮤니케이션 관련 교육도 한다. 생산성 높이는 일과 채용 관련 자문도 한다. 기타 고객들의 다양한 고민에 대한 자문과 컨설팅을 한다. 경영진을 대상으로 매니지먼트 코칭도 한다. 그 외 몇몇 회사의 자문, 고문, 사외이사도 하고 있다.

쓴 책의 종류가 늘어나면서 내 책만으로 진행하는 독서모임도 몇 개 지도하고 있다. 다음주부터는 인문학 책을 선정해 그걸로 독서토론회도 진행할 예정이다. 나만큼 다양한 종류의 회사와 다양한 계층의 사람을 만나는 사람은 별로 없을 거라고 자부한다. 경제적으로 큰 부자는 아니지만 그런 관계에서 오는 충만함은 누구보다 높다. 난 현재의 내 삶이 좋다. 내 일의 중심에는 책이 있다. 책을 쓰고 책을 소개하고 책을 바탕으로 독서토론회를 하고 책을 바탕으로 강의한다. 또 다른 중심은 고객이다. 책을 읽은 고객들이 나를 찾고 강의를 요청하고 자문을 부탁한다. 내 삶의 중심에는 책이 있다.

서울대 공대를 나와 미국에서 공학박사를 받고 대기업 연구소에 근무했던 전형적인 공돌이가 어떻게 여기까지 오게 되었을까? 무엇이 지금의 나를 만들었을까? 이런 변화에 가장 기여한 결정적 사건은 무엇일까? 간절함이 가장 컸던 것 같다. 난 남들과 똑같이 사는 것이 싫었다. 아침마다 출근해 그렇고 그런 일을 하고 상사 눈치 보고 하기 싫은 일 억지로 하고 남들 흉이나 보는 그런 삶에서 벗어나고 싶었다. 무엇보다 자유롭게 살고 싶었다. 근데 방법은 보이지 않았다. 근데 글쓰기에서 방법을 찾았다. 내 인생을 바꾼 가장 결정적 사건은 바로 글쓰기다. 난 마흔 넘어 우연히 글을 쓰기 시작했고 거기에 재미를 느껴 매일 글을 쓰면서 내 삶을 바꾸기 시작했다.

만약 글을 쓰지 않았다면 지금의 난 없었을 것이다. 그런 면에서 내게 글쓰기는 최고의 귀인이다. 내게 글쓰기는 밥을 먹고 잠을 자는 것만큼이나 깊이 뿌리내린 생활이고 습관이고 일상이다. 난 글쓰기에 가장 많은 시간과 에너지를 썼고 지금도 쓰고 있고 앞으로도 쓸 것이다. 별일이 없으면 죽기 전까지 쓸 것 같다. 내게 새벽 글쓰기는 신성한 리추얼이다. 하루도 거르지 않고 쓴다. 난 새벽에 일어나 글 쓰는 시간이 가장 좋고 행복하다. 눈이 오나 비가 오나 휴일이나 명절이나 국내에 있으나 해외에 있으나 꾸준히 글을 쓴다. 내게 새벽 글쓰기는 명상의 시간이다. 이걸 하지 않으면 뭔가 허전하고 찜찜하다.

여러분은 하루하루 발전하고 성장하고 있는가? 지금처럼 살면 미래에 멋진 변화가 일어날 것으로 생각하는가? 난 글을 통해 발전했다. 글은 내 스승이다. 난 글을 통해 성장했고 앞으로도 성장할 것이다. 근데 성장한 사실을 어떻게 증명할 수 있는가? 난 글을 통해 내 변화와 성장을 감지한다. 발전한 사실을 어떻게 알 수 있느냐고? 예전에 쓴 글을 보면 알 수 있다. 바로 견적이 나온다. 내가 처음 쓴 책은 『나를 위한 룰을 만들어라』이다.

당시는 나름 잘 썼다고 생각했다. 근데 요즘 그 책을 보면 낯이 뜨겁다. 절판된 게 얼마나 다행인지 모른다. 어떻게 이런 글을 모아 책을 낼 수 있었는지 정말 부끄럽다. 참 뻔뻔한 사람이었던 것 같다.

이와 대조적으로 난 가끔 내가 쓴 글에 내가 황홀해질 때가 있다. "신이시여, 진정 이 글을 내가 썼단 말입니까?"라고 신에게 묻기도 하고 스스로 대견하게 생각하기도 한다. 확실한 건 글을 쓰면서 내가 예전보다는 조금은 괜찮은 사람으로 성장하고 있다는 사실이다. 이 책은 글쓰기에 관한 책이다. 변화하고 발전하기 위해서는 글을 쓰라는 것이다. 글을 쓰면 주제파악을 할 수 있다. 자신이 부족하다는 점을 알 수 있고 그걸 계기로 공부를 시작할 수 있다. 글을 쓰면 생각을 정리할 수 있다. 글은 생각을 정리하는 최고의 도구다. 글을 쓰면 논리적이 된다. 글을 쓰면 나 자신을 치유할 수도 있다. 글을 쓰면 신중한 사람이 될 수 있다. 글을 쓰면 외롭지 않다. 그렇기 때문에 나이 들수록 글을 쓰면 좋다. 무엇보다 글을 쓰면 삶이 충만해진다. 글은 최고의 친구가 될 수 있다.

글은 그 사람이다. 쓴 글을 보면 그 사람이 어떤 사람인지 바로 알 수 있다. 나 역시 마찬가지다. 지금 내가 쓴 글을 보면 여러분은 내가 어떤 사람인지 바로 알 수 있을 것이다. 지금 대한민국은 최대의 위기를 맞고 있다. 만나는 사람마다 그 얘길 하고 있고 나 역시 여기에 동의한다. 그럼 어떻게 할 수 있을까? 내가 할 수 있는 일은 뭘까? 난 책 읽는 대한민국, 그걸 바탕으로 글 쓰는 대한민국을 만들고 싶고 여기에 기여하고 싶다. 이 책이 여러분의 글쓰기 욕망에 불을 붙이길 기대한다.

2019년 10월
한근태

| 목차 |

서문 내 인생을 바꾼 결정적 사건은 글쓰기이다 • 5

1장 / 글쓰는 사람 VS 글쓰지 않는 사람 • 13

- 글쓰기는 인생을 바꾼다 • 15
- 글쓰기는 말보다 힘이 세다 • 21
- 글쓰기는 자신을 알게 한다 • 26
- 글쓰기는 든든한 자산이다 • 30
- 책은 최고의 자기소개서다 • 35
- 책으로 자신을 증명하라 • 41

2장 / 글을 쓰면 바뀌는 것들 • 47

- 글쓰기 전과 후로 나뉜다 • 49
- 글을 쓰면 팔자가 바뀐다 • 54
- 글을 쓰면 불우해지지 않는다 • 59
- 글을 쓰면 인생이 다듬어진다 • 63
- 글을 쓰면 전문가가 된다 • 67
- 글을 쓰면 늙지 않고 예뻐진다 • 72
- 글을 쓰면 남들과 차별화된다 • 77
- 글을 쓰면 성장하고 생존한다 • 81

3장 / 글을 쓰면 얻게 되는 것들 • 85

- 글을 쓰면 모호했던 것들이 명료해진다 • 87
- 글을 쓰면 생각이 정리되고 새로워진다 • 90
- 글을 쓰면 핵심을 요약할 수 있다 • 94
- 글을 쓰면 아이디어가 떠오른다 • 99
- 글을 쓰면 새롭게 거듭날 수 있다 • 103
- 글을 쓰면 자기수련과 공부가 된다 • 107

- 글을 쓰면 자기 자신을 극복하게 된다 • 112
- 글을 쓰면 객관화해서 보게 한다 • 117
- 글을 쓰면 외롭지 않고 충만해진다 • 122

4장 / 글을 쓰기 위해 알아야 할 것들 • 127

- 글쓰기는 책 읽기에서 나온다 • 129
- 글쓰기는 지식의 결과물이다 • 135
- 글쓰기는 할말이 있어야 한다 • 140
- 글쓰기는 의견이 있어야 한다 • 145
- 글쓰기는 감동이 있어야 한다 • 151
- 글쓰기는 글쓰기로 연습해라 • 159
- 하루키처럼 규칙적으로 운동해라 • 163
- 박완서처럼 연민의 눈으로 보아라 • 168
- 구본형처럼 고민하는 문제를 써라 • 176
- 명사들처럼 새로운 사람을 만나라 • 181

5장 / 글쓰기 실천 방법들 • 187

- 일단 시작하라 • 189
- 지금 당장 써라 • 194
- 필사하라 • 198
- 정답은 없다 • 204
- 쓰고 또 써라 • 210
- 고치고 또 고쳐라 • 215
- 줄이고 또 줄여라 • 220
- 자료를 축적해라 • 224
- 쉽게 읽히게 써라 • 229
- 쓰고 싶은 걸 써라 • 233
- 사랑을 글로 써라 • 237
- 쓰면 남는다 • 242

1장

글쓰는 사람 VS 글쓰지 않는 사람

글쓰기는 인생을 바꾼다

 나는 전형적인 엔지니어다. 서울대학교 공대를 나와 미국 애크런대학교에서 공학 박사학위를 받고 마흔두 살까지 대기업 연구소에서 임원생활을 했다. 그때까지 글을 쓴 적도 없고 써야겠다고 생각한 적도 없다. 박사학위 논문과 저널에 실은 논문 몇 편이 내가 쓴 글 전부다. 임원 시절 사보 담당자가 원고를 요청한 적이 있다. 당연히 거절했다. 그때 옆에 있던 신입사원이 왜 거절하냐며 자신이 도와주겠다며 쓰라고 했다. 운동권 출신의 신입사원은 글을 잘 썼다.
 어쨌든 그 말에 용기를 얻어 난생처음 글을 썼다. 물론 그 친구의 도움으로 사보에 실린 글은 반응이 좋았다. '직원들에게 한

마디'라는 글이었는데 사보에 연재까지 하게 되었다. 그 일을 계기로 글쓰는 즐거움과 글의 효용성을 알게 되었다. 말로만 커뮤니케이션하던 내가 글이 말보다 영향력이 클 수 있다는 사실도 알게 되었다. 때마침 회사에서 전 직원에게 이메일을 깔아주었는데 이메일을 통해 하고 싶은 말도 하고 직원들 얘기도 들었다.

글쓰기는 내 인생을 바꾼 일대 사건이다. 대기업을 그만두고 자그마한 컨설팅 회사에 다녔는데 경제적으로나 정신적으로 감당하기 어려운 시기였다. 마흔이 넘은 나이에 새로운 일에 도전하기는 쉽지 않았다. 성공한다는 보장이 없었다. 월급이 적어 먹고사는 일이 만만치 않았다. 그러다 우연한 기회에『한경비즈니스』란 경제지에 칼럼을 쓰게 되었다. 2년 정도 글을 썼다. 뜻밖에 팬들이 많이 생기고 팬레터까지 받았다. 점점 글쓰기에 자신감이 생겼다. 그때 독자 한 분이 칼럼을 읽고 자기 회사에 나를 소개했다. 그 일로 그 회사에 들어가게 되었다. 교육 관련 회사인데 평소 다니고 싶었던 곳이다. 그 일을 계기로 나는 내가 하고 싶은 일을 할 수 있었다.

교육 관련 회사로 옮긴 후 처음으로 책을 썼다. 그동안 쓴 글이 제법 되니까 모아 책을 만들고 싶었던 것 같다. 그러면서 계속 책을 썼고 앞으로도 쓸 것이다. 근데 책을 쓰는 목적은 계속 바뀌는 것 같다. 첫 책은 내 얘기를 하기 위해 썼다. 하고 싶은 얘기가 많았다. 사회에 대한 불만도 많았다. 이렇게 하면 잘될 것 같다고 말하고 싶었지만 통로가 없었다. 나같이 열심히 산 사람의 삶이 왜 이렇게 안 풀리는지 이해할 수 없었다. 회사 경영을 왜 저렇게밖에 못하는지 경영진에게 따지고 싶었다. 부조리와 불합리한 점이 왜 이렇게 많은지 납득할 수 없었다. 그래서 『나를 위한 룰을 만들어라』 『40대에 다시 쓰는 내 인생의 이력서』 『회사가 희망이다』와 같은 책을 연속으로 냈다. 내 삶을 알리면서 사람들에게도 하고 싶은 말을 했다. 자료조사 같은 것은 없었다. 그동안 느꼈던 것들, 하고 싶은 이야기들, 틈틈이 썼던 글을 모았고 부족한 글은 새로 썼다. 뭔가 인생의 한 챕터가 정리되는 기분이었다. 인생정리는 그 정도면 됐다는 생각이 들었다.

그러다 세리CEO에서 북리뷰 코너를 맡게 되었다. 그 코너에서 경영자들에게 도움이 될 만한 책을 요약해 영상으로 소개했다. 20년 이상 300권 이상의 책을 소개한 것 같다. 그런 자료를 모아 『잠들기 전 10분이 나의 내일을 결정한다』란 책을 1, 2권으로 나누어 냈다. 평소 했던 결과물을 모아 책을 만든 것이다. 사람들 얘기를 모아 책을 쓴 경우도 있다. 직업상 CEO를 많이 만날 수 있었다. 1년에 200회 이상 기업 강의를 할 뿐만 아니라 여러 기업을 자문하고 컨설팅을 하기 때문이다. 학교에서 최고경영자 과정을 맡고 있다 보니 더욱 그러하다. CEO를 인터뷰해서 주간지에 싣는 일도 했다. 그러다 보니 자연스럽게 그들에 관해 알게 된다. 알면 알수록 재미있는 일이 많다. 한 사람 한 사람이 스토리의 창고다. 인터뷰를 많이 하다 보니 인터뷰 기술도 늘어 많은 사람이 내 앞에서 이야기보따리를 풀어놓았다. 이런 얘기를 묶은 책이 『한국인 성공의 조건』이다. 성공한 사람들 얘기를 쓰고 그들의 공통점을 스토리텔링식으로 쓴 것이다.

처음에는 뚜렷한 목적 없이 책을 썼다. 내 얘기를 풀어놓는 것, 내가 만난 사람들 얘기를 모으는 수준이었다. 하지만 책을 쓰면서 점점 관심 분야가 확대되고 뚜렷한 목적의식이 생겼다. 그래서 쓴 첫책이 『리더의 언어』다. 조직 내 소통과 관련된 책이다. 이 책을 계기로 나는 커뮤니케이션 관련 전문가로 인정받았다. 수많은 기업과 최고경영자 과정에 강의 초청을 받았고 그런 과정을 거치면서 더욱 내공이 쌓였다. 책의 힘을 절감할 수 있었다.

책 쓰기는 최고의 공부 과정이다. 특정 분야의 책을 한 권 쓸 수 있다면 그 분야에서는 일정한 경지에 오를 수 있다. 『리더의 언어』를 쓰기 위해 관련 책을 50권 정도 사서 읽었다. 한동안 머릿속 유일한 아젠다는 커뮤니케이션이었다. 만나는 사람마다 소통에 대한 질문을 하면서 얘기를 귀담아들었다. 만나는 사람들을 관찰하고 조직에 들어가도 회의 장면을 눈여겨보았다. 그 이후는 아젠다를 잡아 공부하고 이를 바탕으로 책 쓰기를 시작했다. 디테일의 중요성을 강조한 책『오픈시크릿』은 그 결과물이다. 인사의 중요성을 강조한 책이『채용이 전부다』이다. 그동안 리더십에 관해 공부한 내용을 기초로『나는 어떤 리더인가』를 냈다. 피터 드러커의 교훈을 알기 쉽게 정리한 책『피터 드러커 노트』도 냈다. 고수들의 공통점을 쓴『일생에 한번은 고수를 만나라』와 나 자신이 몸을 변화시키면서 쓴 책『몸이 먼저다』는 연속 베스트셀러에 오르기도 했다. 책은 쓸수록 쓰고 싶은 책의 숫자가 늘어난다. 책을 내는데도 가속도가 붙는다. 컴퓨터 안에 수십 개의 출간 예정인 책의 제목과 관련 내용이 있다.

    대학 다닐 때는 별로 공부하지 않았다. 재미가 없었기 때문이다. 딱 낙제하지 않을 정도로 공부했던 것 같다. 미국 유학 중에도 그랬다. 박사학위 받을 정도만 공부했다. 공부란 내게 의무이자 책임이었지 즐거움은 아니었다. 요즘은 다르다. 요즘은 공부하는 일이 제일 재미있다. 밖에서 놀다가도 책을 보고 싶어서, 쓰던 글마저 쓰고 싶어서, 갑자기 떠오른 시상을 글로 옮기고 싶어서 집에 간다. 새벽에도 벌떡 일어난다. 차를 마시면서 어제 준비한 재료로 글을 쓸 때, 글이 완성될 때 가슴 밑바닥부터 뿌듯함이 올라온다. 참 기쁨이란 이런 것이다.

세상에서 제일 즐거운 일은 새로운 것에 관심을 두고 공부하는 일이다. 관련 정보를 모으고 책을 사고 읽고 공부하는 것이다. 또 그런 지식을 모아 글을 쓰고 쓴 글을 모아 책을 내는 것이다. 책의 원고를 출판사에 넘길 때의 기쁨, 그 책이 출간되었을 때의 쾌감, 책을 지인들에게 알리고 그들의 격려를 받을 때의 감동은 참으로 크다. 정말 책을 읽고 책을 쓰는 것이 내 인생을 바꾸었다.

글쓰기는 말보다 힘이 세다

언제 글을 처음 썼는가? 숙제나 일기 외에 어떤 글을 처음 쓴 것 같은가? 내겐 편지를 쓴 것이 처음인 거 같다. 군에 있을 때 참 많이 썼다. 부모님, 친구들, 아르바이트 제자, 교회 누나와 후배들과 많은 편지를 주고받았다. 유학을 앞두고도 썼고 유학 중에도 많은 편지를 썼다. 그때만 해도 통신이 발달하지 않았기 때문이다. 여러 정보를 묻는 편지도 있지만 그때그때 힘든 점, 근황, 심정 등 다양한 내용으로 글을 썼다. 본격적인 글쓰기는 박사학위 논문이 처음이다. 한글이 아닌 영어로 썼다. 내가 대충 쓰면 지도교수가 글을 고쳐주었다. 지도교수는 내용은 손대지 않았는데 그가 고친 걸 보면서 난 내심 감탄했다. 내가 쓴 글은 너저분했다. 부사와 형용사도 많고 글이 길었다. 요점이 명확하지 않고 주저리주저리 말이 많았다. 그는 쓸데없는 말을 삭제하고 말을 단문으로 바꾸어주었다. 그가 손을 대면 내 글은 빛이 났다. 그는 별다른 코멘트 없이 빨간 펜으로 글을 고쳐주었는데 나도 모르게 그를 닮아야겠다고 생각한 것 같다. 대충 이런 내용이다. 단문으로 쓸 것, 쓸데없는 형용사나 부사를 쓰지 말 것, 명쾌하게 쓸 것, 아는 걸 다 넣지 말 것, 수동태 대신 능동태로 쓸 것 등이다.

박사학위를 받은 후에는 회사에서 업무 관련 글을 많이 썼다. 가장 기억나는 건 출장보고서다. 연구소에서 도장공장으로 발령받은 후 2주간 해외 출장을 다녀온 후 쓴 출장보고서다. 난 회사만의 양식이 있을 걸로 생각해 찾아봤는데 대부분 보고서가 마음에 들지 않았다. 기행문처럼 쓴 것도 있고 각종 정보를 나열한 것도 있었다. 요점이 명확하지 않고 무얼 주장하는지 뚜렷하지 않았다. 난 상사가 무엇을 궁금해할까를 생각해 핵심만을 뽑아 앞에 석 장 정도로 요약하고 나머지는 다 첨부로 넣었다. 해외 공장을 보면서 느낀 점, 특이점, 배울 점 등을 간략하게 적고 가장 중요한 실천 과제 세 가지를 넣었다. 또 이를 위해서는 돈이 필요하다는 사실을 알렸다. 나중에 예산안을 올릴 테니 승인해달라는 나만의 표현이다. 당시 난 차장이었는데 이상하게 이 보고서는 사장에게까지 올라갔다. 사장은 표지에 이런 코멘트를 넣었다. "베리 굿 리포트Very good report, 전원 회람요망" 오래전 얘기지만 아직도 기억이 난다.

직장에서는 제안서와 보고서를 주로 썼다. 일을 잘한다는 건 결국 상사를 얼마나 잘 설득하느냐에 달려 있기 때문이다. 이메일 등장 후에는 직원들과 글을 통해 많은 생각을 주고받았다. 직원이 몇 명 안 될 때는 별문제가 되지 않았지만 임원이 되면서는 직원 숫자가 늘었다. 근무장소도 여러 곳에 있었다. 당연히 소통이 쉽지 않았다. 당시 우리 회사는 자동차가 잘 팔리지 않아 정보판매란 이름으로 판매를 촉진했다. 판매직이 아닌 일반 직원들에게 판매 목표를 정해주고 평가해 승진에도 반영했다. 일부 직원들은 여기에 강력하게 반발했다. "우리가 판매사원도 아닌데 왜 차까지 팔아야 하는가?"라는 것이다.

당시 직원이 100명쯤 됐는데 뭔가 얘기를 나누고 싶었다. 그래서 이메일을 통해 전 직원에게 글을 썼다. 제목은 '정보판매에 대한 내 생각'이다. 대충 이런 내용이다. '여러분은 회사를 사랑하는가? 사랑한다는 걸 어떻게 증명하는가? 여러분의 땀과 눈물을 쏟아 설계하고 제조한 자동차를 사랑하는가? 여러분 제품에 자부심을 느끼는가? 이렇게 좋은 자동차를 친구나 친지들에게 알리고 살 기회를 주는 건 우리 의무 아닌가? 회사가 이런 얘기를 하기 전에 알아서 차를 팔아야 하는 거 아닌가?' 지금 생각하면 무리한 면이 있었다. 근데 뜻밖에 긍정적인 답신이 많았다. 다른 생각을 하는 친구들과는 글을 통해 조금 더 얘기를 주고받으면서 의견차이가 좁아지는 걸 느꼈다. 그때 난 글의 파워를 실감했다. 직원을 모아놓고 떠드는 것도 필요하지만 이성적인 내용일수록 글로 얘기하는 게 호소력이 있다고 생각했다.

회사에서 마지막으로 쓴 글은 사보에 싣는 글이었다. 처음에는 상사를 대신해 글을 썼다. 상사에게 사보 담당자가 고정칼럼을 요청했는데 시간이 없던 상사는 그 일을 내게 시켰고 난 상사 입장에서 글을 써야만 했다. 처음에는 반발심이 생겼다. '아니, 왜 자신이 할 일을 내게 시키나, 시간이 없으면 승낙하지를 말지.'란 생각을 했는데 이내 마음을 고쳐먹었다. 처음에는 잘 써지지 않았다. 보고서나 제안서와 칼럼은 성격이 달랐기 때문이다. 한참 헤매고 있을 때 운동권 출신 부하직원이 도움을 주었다. "글쓰기에 두려움을 갖지 마라. 말하듯 쓰면 된다."라고 하면서 내가 쓴 글을 고쳐주고 나중엔 "이사님은 나중에 이쪽으로 나가도 되겠다"는 격려(?)의 말까지 했다. 대리가 임원인 나를 코칭

한 것인데 지금도 그 친구에게는 고마움을 갖고 있다. 그때만 해도 사보 원고를 대신시킨 상사가 미웠지만 지금 내 생각은 다르다. 그때 내게 글을 쓸 수밖에 없게 만든 상사가 귀인 중 귀인이다. 만약 그가 없었다면 지금의 내가 글을 썼겠는가? 글을 쓰지 않았으면 난 어떻게 됐을까? 지금 생각해보면 회사 생활을 통해 난 이미 글쓰기의 중요성을 조금씩 알았던 것 같다.

글쓰기는 자신을 알게 한다

　강의만으로는 지식노동자가 될 수 없다. 강의는 휘발성이 강하기 때문이다. 강의는 글쓰기와 맞물릴 때 비로소 힘을 발휘할 수 있다. 강의보다 중요한 건 글쓰기이다. 난 내 직업에서 가장 중요한 일로 글쓰기를 꼽는다. 강의보다 글쓰기가 우선이다. 글을 쓰게 되면 강의는 저절로 된다. 내가 1인 기업가로 20년 가까이 생존하는 데 가장 크게 이바지한 것은 바로 글을 쓰고 모아 주기적으로 책을 썼기 때문이다. 난 별로 사교적인 사람은 아니다. 사람들과 어울리긴 하지만 저녁 약속도 하지 않고 등산하러 다니지도 않는다. 난 혼자 노는 걸 좋아한다. 그러다 보면 존재 자체가 잊힐 가능성이 높다. 그럼 1인 기업가로서의 생명도 끝이다. 이를 방지하는 최선의 방법은 바로 글쓰기이다.

글쓰기가 중요한 이유는 무엇일까? 글을 써봐야 주제파악을 할 수 있기 때문이다. 글을 직접 쓰기 전에는 내가 어떤 사람인지 알 수 없다. 특정 주제에 대해 글을 쓰다 보면 내가 정말 아는 것이 없다는 깨달음이 온다. 그럼 비로소 공부의 필요성을 느낀다. 책도 찾아 읽고 신문도 꼼꼼히 살피고 다른 사람들 얘기도 듣고 전문가를 만나 질문하게 된다. 비난이나 비판은 누구나 할 수 있다. 불평도 할 수 있다. 하지만 불만으로 가득한 사람에게 불만 관련한 글을 부탁하면 어떤 일이 일어날까? 그중 자기 불만을 조리 있게 설명해 다른 사람을 설득할 수 있는 사람이 몇이나 될까? 난 거의 없을 것으로 예측한다. 글을 쓴다는 것은 글을 쓸 수 있다는 건 일정 수준이 되지 않으면 절대 할 수 없는 일이다. 누구나 짧게는 1인 기업가를 할 수 있다. 하지만 이를 직업적으로 지속해서 잘하는 일은 쉽지 않다. 이를 위해서는 신제품을 계속 낼 수 있어야 한다. 만약 5년 전 하던 얘기를 지금도 한다면 고객들은 외면할 것이다. 글을 쓰는 건 신제품을 만들어내는 것이다.

1인 기업가는 무언가를 파는 사람이다. 그 분야의 전문성이 전제되어야 한다. 그렇다면 내가 그 분야의 전문가란 사실을 무엇으로 증명할 것인가? 바로 그 분야에 관한 책을 내면 된다. 그럼 시장이 알아서 판단한다. 대표적인 책이 『채용이 전부다』와 『면접의 힘』이다. 난 사실 인사 관련해서는 별다른 경험도 전문성도 없다. 내가 알고 있는 인사의 전부는 대기업 시절의 경험이다. 당시 내 눈에 비친 인사부서는 지원부서라기보다 직원들 위에 군림하는 부서였다. 그곳엘 가면 웃음기 없는 얼굴의 조사관 비슷한 사람들을 만날 수 있었다. 현장부서의 애로를 듣기보다는 뭔가 감시하고 통제한다는 느낌을 받았다. 내 상사와 뭔가 귓속말로 하는데 그 말이 나에 대한 평가란 착각도 했다. 별로 하는 일은 없어 보였는데 늘 특진은 그들 몫이었다.

내가 나온 후 회사가 무너졌는데 난 일정 책임이 인사부서에 있다고 생각해 책을 썼다. 책을 쓰기 위해 관련 책을 많이 읽었다. 100권은 본 것 같다. 인사 관련 전문가들도 많이 만나 인터뷰를 했다. 얼추 50명은 만나 인터뷰했다. 바람직한 인사부서의 역할은 무언지, 면접 때 어떤 질문을 해야 하는지, 해서는 안 되는 질문은 뭔지 등등……. 그들은 많은 노하우를 알려줬다. 이를 바탕으로 계속 생각을 하고 쓴 책이 바로 『채용이 전부다』란 책이다. 제목 그대로 난 경영에서 채용이 모든 것이라고 생각한다. 이어 『면접의 힘』이란 책도 냈다. 이 책을 낸 이후 난 인사에 관련해 어느 정도 급은 되는 사람으로 인정받고 있다. 관련 강의도 하고 자문과 컨설팅도 제법 했다.

경험도 많고 관련한 지식은 많지만 이를 글이나 책으로 내지 않은 사람과 경험은 적지만 공부를 해서 책으로 엮은 사람 중 누구를 전문가로 불러야 할까? 지식이란 무엇일까? 알고 있는 것 자체로 가치가 있을까? 지식은 언제 가치를 낼 수 있을까? 정답은 없지만 한 사람의 머릿속에만 있는 것보다는 이를 글로 펼쳐내는 것이 본인에게도 사회에게도 가치가 있다. 아는 것, 궁금한 것, 공부하고 싶은 것, 불만거리 등이 있는가? 뭔가 자신의 생각을 펼쳐 사회에 선한 영향력을 행사하고 싶은가? 그럼 글을 써라. 글이 여러분도 구원하고 사회도 구원할 것이다.

글쓰기는 든든한 자산이다

내 주 고객은 대기업과 중견기업의 임원들이다. 주로 그들의 문제와 고민을 듣고 거기에 관해 얘기를 나누면서 문제를 해결한다. 근데 이런 일들이 공허하게 느껴질 때가 있다. 그들이 진심으로 그 자리에 존재하지 않는다는 느낌을 종종 받는다. 바로 안전하지 않기 때문이다. 임원은 글자 그대로 임시직원이다. 언제 어떻게 될지 모른다. 자기 코가 석 자인 그들이 어떻게 조직의 미래에 관심이 있겠는가? 그들 초미의 관심사는 퇴직 이후 그들의 생계 문제다.

당연하다. 나도 대기업 임원 시절 그게 최대 관심사였다. 만약 그 문제를 해결할 수 있다면 그들에게 마음의 평화를 줄 수 있고 진정으로 일에 몰입하게 할 수 있을 것이다. 당연히 임원들은 지금부터 무엇을 준비해야 좋을지 자주 묻는다. 여러 방법이 있지만 나름의 전문성이 있다고 생각하는 사람들에겐 글쓰기를 권한다. 노사 관련 일을 했다면 거기에 대한 책을 쓰고 은행에서 PB 업무를 하고 있다면 거기 관련한 책을 쓰라고 권고한다.

퇴직 후 할 일이 없다는 건 자신의 경험과 지식과 노하우를 지적 자산으로 변화시키는 데 실패한 것이다. 한 직장을 오래 다녔다고 전문가가 되는 건 아니다. 전문가보다는 원주민일 가능성이 높다. 원주민에서 전문가로 거듭나는 최선의 방법이 바로 글쓰기다. 글을 쓰기 위해서는 공부해야 하고 공부하면 조금씩 전문가가 될 수 있다. 관련해 조선일보의 장일현 기자가 쓴 등산학교 교장 이용대에 대한 글은 흥미롭다. 칼럼을 추려 소개한다. 그는 글을 쓰는 산악인이다. 책을 읽고 공부하는 산악인이다. 날카로운 비판도 서슴지 않아 별명이 '산악계의 송곳니'다.『그곳에 산이 있었다』는 책을 냈는데 그동안 쓴 1,300여 편의 칼럼 중 51편을 추려낸 것이다. 그는 한 달에 200자 원고지 300매 정도의 글을 쓴다.

산악인과 글쓰기는 어울리지 않는 것 같다. 산악인이 글을 쓴다는 얘기를 들어본 적이 없다. 왜 책과 글이 산악인에게 중요할까? 그의 설명이다. "산악인은 글쓰기와 책 읽기에서 정체성을 찾아야 한다. 세계에서 제일 높은 산을 오르고도 그 체험을 기록으로 남기는 사람이 거의 없다. 우린 행위만 있고 기록이 없다. 워낙 공부를 안 한다. 메스너는 무려 50권의 책을 썼다. 등반 선진국엔 책을 내는 산악인이 수두룩하다. 산악인은 자기가 이 산에 왜 오르는지에 대한 철학이 있어야 한다. 책은 산에 오르는 또 하나의 길이다. 산서山書를 읽지 않는다면 그것은 반쪽의 산행이다. 산서에 몰입하는 이유는 단 하나. 흥미롭고 감동적이기 때문이다. 보통 사람들이 평생을 살아도 체험할 수 없는 생생하고 드라마틱한 세계가 살아 숨쉬고 있다. 책을 통해 먼저 접한 산에 실제로 오른다면 그 느낌이 더 풍요로울 뿐더러 감격은 몇 배가 된다." 그의 말을 정리하면 그렇다. 산악인은 두 개의 산을 올라야 한다. 하나는 실제의 산이고 또 다른 하나는 책 쓰기란 산이란 것이다. 산악인은 자기가 왜 산에 오르는지에 대한 철학이 있어야 한다는 것이다. 참 멋진 생각이다.

다윈, 코페르니쿠스, 갈릴레이가 그렇다. 프로이트, 뉴턴, 베게너, 제임스 왓슨 등도 그렇다. 그들은 논문뿐 아니라 대중이 읽을 수 있는 훌륭한 책을 쓴 사람이다. 프로이트는 『꿈의 해석』을 썼다. 갈릴레오는 『대화록』을 썼다. 다윈은 『비글호의 항해』와

『종의 기원』을 썼다. 슈뢰딩거는 『생명이란 무엇인가』를 썼다. 이외에도 『이중 나선』을 쓴 제임스 왓슨, 『침묵의 봄』을 쓴 레이첼 카슨, 『이기적 유전자』를 쓴 리처드 도킨스, 『시간의 역사』를 쓴 스티븐 호킹 등은 과학자이기 이전에 유명한 작가였다. 이화여자대학교의 최재천 교수 역시 대중적인 글쓰기로 사회에 많은 영향을 미치고 있다. MIT 학생들이 가장 많이 읽는 책이 다름 아닌 글쓰기에 관한 책 『문체 요소 The elements of style』인 것은 그런 의미에서 당연한 현상이다. 이들이 이름을 날릴 수 있던 것은 글쓰기란 자산이 있었기 때문이다. 글을 잘 쓰는 학생이 성공할 확률이 높다는 것은 선진국에서는 이미 정설이다.

  그 분야의 고수가 되는 데 글쓰기는 필수 조건이다. 훌륭한 영화감독은 다 시나리오 작가로서 명성을 떨친 사람들이다. 위대한 과학자 역시 위대한 작가들이다. "글을 잘 쓴다는 것은 문장 기교를 잘 쓴다는 것이 아니라 자신을 제대로 알고 자신이 사는 세계를 인식하고 표현하는 것과 같다. 언어는 단지 내 생각을 전달하는 부호가 아니라 그 자체가 바로 존재이기 때문이다. 그런데 지식체계가 갖춰져 있지 않고 삶을 보는 안목이 짧고 독서나 문자에 길이 안 들어 있으면 표현은 엉성할 수밖에 없다. 그래서 감상과 감정에 치우쳐서 거품같이 흔한 일상어 속에 건조하게 살아

갈 수밖에 없는 것이다. 세계를 인식하는 능력과 자기를 성찰하고 표현하는 가장 기초훈련이 바로 글쓰기 훈련이다." 시인 문정희의 생각이다.

세계적인 환경 관련 연구소 월드워치는 100대 1이 넘는 경쟁률을 보일 만큼 인기 직장인데 채용의 첫째 기준이 문장력이고 두 번째가 창의성이다. 사람 판단의 기준도 그렇다. 첫째, 문장력이다. 어려운 것을 이해하고 그것을 쉽게 풀어쓰기 위해서는 종합적인 능력을 갖춰야 한다. 이해력, 소화하고 흡수하는 능력, 그것을 조리 있게 다시 풀어쓰는 능력, 감수성, 논리성……. 글쓰기는 이렇게 같은 직업, 같은 처지라도 더 돋보이게 할 수 있다. 당신은 전문가인가, 원주민인가? 전문가로 생각한다면 이를 글로 증명하라. 쓸 수 있으면 전문가이고 쓰지 못하면 원주민이다.

책은 최고의 자기소개서다

직장인들이 가장 두려워하는 것이 있다. 바로 은퇴 후 어떻게 살 것이냐 하는 문제이다. 회사에 있을 때는 회사 브랜드로 살아간다. 회사를 등에 업고 그 안에서 주어진 일을 하면 된다. 근데 회사를 나오는 순간 그게 사라진다. 명함이 사라지면서 자신을 증명할 방법이 없다. 정체성이 사라진다. 그럼 자신을 알릴 방법도 없고 다른 사람들도 그 사람에 대해 알기 어렵다. 그 사람에게 전문성이 있고 통찰력이 있어도 활용할 방법이 없다. 그게 가장 두려운 것이다. 이를 해결할 최선의 방법은 자신을 증명할 수 있는 책을 쓰는 것이다. 책을 통해 자신이 어떤 사람인지 보여주는 것이다.

내 친구 김익환은 소프트웨어 전문가이다. 한국에서 대학을 마친 후 스탠퍼드대학교에서 IT로 석사를 한 후 실리콘밸리에서 20년 이상 직원으로 또 오너로 소프트웨어 관련 업무를 했다. 그러다 한국에 왔는데 나를 만날 때마다 한국 IT 산업의 후진성을 개탄했다. 난 그쪽에는 지식도 없고 할 말도 없었다. 난 무심코 나한테 이런 얘기하지 말고 IT 관련 책을 써보라고 했다. 책으로 비판도 하고 대안도 제시하라고 했다. 얼마 후 그는 『대한민국에는 소프트웨어가 없다』란 책을 썼다. 근데 며칠 후 내가 자문하는 IT 회사 사장이 이 책을 들고 와 "우리나라에도 이렇게 통찰력이 있는 IT 전문가가 있네요." 하면서 놀라워했다. 내 친구라고 얘기하자 한 번 만나게 해달라고 부탁했다. 이후 그 친구는 『소프트웨어 개발의 모든 것』이란 책도 썼다. 그러면서 점점 한국 내에서 브랜드를 높였다. 자문해달라는 회사는 많은데 자기는 한꺼번에 두 개 이상은 하지 않는단다. 참 멋지게 사는 친구이다. 이 친구 역시 책 쓴 일을 자랑스러워한다.

난 다양한 분야의 책을 썼다. 자기계발 책도 쓰고 몸 관련 책도 쓰고 리더십 책도 썼다. 인사 관련 책도 몇 권 썼다. 『채용이 전부다』와 『면접의 힘』이 그것이다. 그 분야를 잘 알아서라기보다 관심이 있어서 쓴 것이다. 관심이 있으면 이를 책으로 해결하는 것이 바람직하다. 이상하게 인사 관련 분야에 관심이 많고 문제의식도 갖고 있었다. 인사부서의 역할은 무엇인가, 왜 인사를 저렇게 하는가, 이상적인 인사는 어떤 모습이어야 하는가, 사람을 잘 뽑는 것이 왜 중요한가, 잘 뽑기 위해서는 어떤 질문을 던져야 하는가와 같은 의문이 꼬리를 물었다. 예전 다니던 회사가 인사상 난맥 때문에 무너졌다는 생각도 일조했다.

그러면서 관련 책이나 칼럼을 많이 읽었다. 전문가를 만나면 채용이나 면접 관련 질문을 던지고 열심히 경청했다. 늘 관련해 생각하니까 좋은 아이디어도 많이 떠올랐다. 시간이 지나면서 생각이 정리되고 정리된 생각을 조금씩 글로 쓰게 되었다. 그 결과물이 바로 두 권의 책이다. 얼마 전에는 제법 큰 바이오 회사 회장님이 전화해서 만나자고 했다. 최근 회사가 커지면서 인사 문제 때문에 고민하던 차에 내 책을 읽고 감명을 받았다는 것이다. 내게 여러 질문을 했고 의견도 물었다. 나는 아는 범위 내에서 답변했다. 이 일을 계기로 나는 그 회사에서 몇 번 강의하게 되고 자문도 부탁받게 되었다. 지금도 계속 그 회사와는 인연이 있다. 모두 내가 쓴 책 덕분이다. 책 덕분에 전문성을 인정받았고 그 결과 일거리를 얻게 된 것이다.

우리는 서로 소개할 때 명함을 주고받는다. 하지만 명함만으로 신뢰가 생기지는 않는다. 만약 책을 주고받을 수 있다면 서로에 대해 훨씬 많은 정보를 얻게 될 것이다. 그런 면에서 책은 최고의 자기소개서이다. 세상에 우리를 지켜줄 수 있는 건 별로 없다. 가장 확실한 무기는 전문성이다. 전문가만이 살아남는다. 그렇다면 전문가가 되는 최선의 길은 무엇일까? 바로 책을 쓰는 것이다. 전문가가 책을 쓰는 것이 아니라 책을 쓰면 전문가가 될 수 있다. 책은 최고의 자기소개서이다.

  책은 그 사람이 전문가라는 것을 증명한다. 아무리 머릿속에 든 것이 많아도 이를 책으로 옮기지 못하면 그는 아직 전문가가 아니다.『유니타스』란 마케팅 잡지를 만드는 권민 대표가 그렇다. 그는 초년 이랜드에서 문화기획 간사로 일했다. 직함은 그럴 듯하지만 교육담당 직원이다. 강의를 기획하고 책상을 정리하고 간식을 준비하고 강의 내용을 녹음하고 강사를 서빙하는 일이다. 비슷비슷한 강의를 많이 들어야 했고 그 일이 창의적이란 생각이 들지 않아 상사에게 불만을 토로했다. 그러자 상사는 이렇게 말했다. "뒷자리에 앉아 불만스런 마음으로 강사평가나 하지 말고 네가 이 강의를 한다면 어떻게 할지를 생각해보라." 이 말을 듣고 생각이 달라졌다. 강의에 대한 불만 대신 '만약 내가 강의를 한다면 어떻게 할까?'라고 생각하면서 관점이 달라졌다.

강의들이 연결되면서 다른 지식이 만들어졌다. 그 결과 27세에 행사기획이란 책을 출판한다. 그게 글쓰기의 출발점이다.

사람들은 퇴직 후 혼란에 빠진다. 자신을 증명할 명함이 사라졌기 때문이다. 어떤 면에서 명함은 그를 증명하진 않는다. 잠시 그가 이런 역할을 하고 있다는 걸 얘기할 뿐이다. 오히려 내가 어떤 사람인지를 알려주는 것이 책이다. 자신이 그렇게 아는 게 많으면 거기 관련해 책을 쓰면 된다. 자신이 그렇게 멋진 생각을 하고 있으면 혼자 떠들 게 아니라 그걸 글로 쓰면 된다. 그러다 보면 여러 생각을 하게 된다. 자신이 가진 생각이 별것 아니란 것, 생각하고 있는 것을 글로 쓰기가 쉽지 않다는 것, 관련해 공부하다 보면 세상엔 고수들이 많다는 것, 공부하는 즐거움 혹은 괴로움을 느끼면서 점점 전문가로 성장할 수 있다. 그런 면에서 책을 내야 전문가 반열에 오를 수 있다.

일본 사람들은 과장이나 부장이 되면 기본적으로 책을 한두 권씩 쓸 정도로 책 쓰는 게 보편화되어 있다. 자기 일을 가지고 책을 쓰니까 그 과정에서 전문가가 된다. 회사에서도 책 내는 것을 긍정적으로 평가한다. 우린 다르다. 부정적인 평가를 받는다. 회사 일을 하는 대신 글이나 쓰고 있다는 식으로 판단한다. 수십 년씩 일하면서 쌓은 노하우가 다 개인 머릿속에만 있을 뿐이다.

안타까운 일이다. 한 분야에서 몇 년 이상 종사한 전문가들은 모두 책을 쓸 수 있다. 전문가는 전문성을 가지고 일반인과 소통할 수 있어야 한다. 그래야 진정한 소통이 이루어진다. 책이란 하고 싶은 이야기를 세상을 향해 던지는 것이다. 글을 쓰기 위해서는 문제의식이 필요하다. 문제의식이 있어야 한다. 문제가 보였을 때 글을 써야 한다. 생각날 때 글을 쓰지 않으면 나중에는 생각 자체가 나지 않는다. 문제의식을 느끼고 깨어 있으면 글 소재는 지천이다.

책을 못 내는 이유 중 하나는 완벽한 책을 내겠다는 욕심 때문이다. 책을 내기 위해서는 겸손해야 한다. 이 세상에 완벽한 책은 없다.

책으로 자신을 증명하라

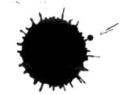

한국 회사와 외국 회사를 교대로 옮겨 다닌 덕에 날카로운 통찰력을 얻은 사람이 있다. "한국 회사도 나름 장점이 많습니다. 다만 모르고 있을 뿐이지요. 외국 기업의 정량적 평가가 좋을 것 같지만 반드시 그렇지는 않지요. 선진화될수록 평가제도는 단순해지지요. 이 회사는 이런 제도가 좋고 저 회사는 저런 이유로 어려워졌고……." 여러 회사를 통폐합하여 새로운 회사를 만들고 그 와중에서 새로운 문화를 만드는 데 공을 세운 분의 얘기를 들었다. "네 개 회사를 하나로 만드는 일을 했습니다. 정말 어려운 일이었지요. 노조가 네 개 있다면 믿으시겠습니까? 처음에는 모두 독립성을 인정했습니다. 물리적 결합 후 화학적 결합은 서서히 진행했습니다. 무엇보다 힘들었던 것은 사람 문제였는데 이런 방식을 사용하여 효과를 보았습니다. 그 경험으로 갈등 조정에는 귀재가 되었습니다." 이처럼 기업의 안과 밖에서의 소중한 경험, 스킬, 거기서 배운 노하우는 말로 다할 수 없는 가치를 갖고 있고 그것은 사람들 속에 녹아 있다.

그분들 얘기를 듣다 이런 질문을 했다. "어렵게 배우고 깨달은 지식과 노하우 관리는 어떻게 하십니까? 지식이란 한 사람이 갖고 있는 것보다는 다른 사람과 공유할 때 시너지가 날 것 같은데 어떻게 생각하십니까?" 그러면 대강 이런 답변을 듣는다. "그렇지 않아도 뭔가 정리를 해야겠다고 생각했는데 쉽지 않네요. 하지만 언젠가는 정리를 할 겁니다." 혹은 "제 얘기를 털어놓으면 책 몇 권은 낼 수 있는데 아직은 때가 아니란 생각입니다……." 그 얘기를 들으면 또 다른 의문점이 생긴다. "그런 날이 과연 올까? 지금은 유용한 지식이지만 먼 훗날에도 여전히 유용할까?" 그러면서 과연 어떻게 하는 것이 지식을 정리 정돈하고 업그레이드할 방법인지 생각하게 된다.

내가 생각하는 최선의 방법은 책을 쓰는 걸 목표로 일하는 것이다. 난 공부하기 위해 책을 쓴다. 평균 1년에 한두 권 이상 책을 쓴다. 지난 2년은 1년에 4권을 냈다. 내가 남들보다 잘나고 많이 알기 때문에 책을 내는 것은 아니다. 세상 사람들에게 한수 가르쳐주기 위해 책을 내는 것도 아니다. 책을 쓰는 가장 큰 이유는 배우기 위해서다. 살다 보면 뭔가 관심이 가고 더 알고 싶은 영역이 생긴다. 사람들 얘기를 통해 자극을 받기도 한다. 그런 자극을 통해 새로운 생각을 하기도 한다. 내가 책을 쓰는 가장 큰 목적은 그 방면의 공부를 더 하기 위해서다. 지식의 신진대사를 위한 행위이다. 책에서 배운 것들과 새로운 경험과 자극을 통해 떠오른 아이디어와 생각과 노하우는 그때그때 정리해야 한다. 그렇지 않으면 사라지거나 효용성이 사라진다. 또 내가 가진 생각과 아이디어는 다른 사람과 나눌수록 더 가치가 있다. 그래서 글을 쓰고 책을 낸다.

  지식은 건강과 비슷하다. 몸의 건강을 위해서는 신진대사가 중요하다. 음식을 섭취하고 소화하고 배설하고 다시 흡수하는 신진대사가 원활해야 한다. 그래야 건강하다. 먹기만 하고 배설을 안 한다면 소화불량에 걸리고 섭취 없이 쏟아내기만 하면 부도수표를 남발하는 것과 같다. 늘 섭취, 소화, 배설 사이의 균형이 필요하다. 지식도 음식과 마찬가지다. 책이 되었건 강의와 업무가 되었건 매일 엄청난 양의 지식과 정보를 흡수한다. 경험과 지식을 사용해 업무를 하고 거기서 다시 아이디어를 얻고 새로운 경험과 생각을 더해 좀 더 나은 방식으로 일한다. 이런 것이 소화 단계이다. 마지막은 배설 단계이다. 적절하게 소화와 배설을 하지 않고 머릿속이 꽉 차면 더 이상 지식이 들어갈 틈도 없고 그런 만큼 발전 속도가 느리다. 그때그때 배운 지식과 아이디어와 노하우는 메모하고 글로 옮기고 어떤 형태로든지 배설하는 것이 필요하다. 내 경우는 글쓰기, 강의하기, 자문하기, 방송하기 등이 배설의 단계다.

지식의 섭취, 소화, 배설은 구분하기 어렵다. 서로가 서로에게 영향을 끼치고 도움을 주고받는다. 자극을 받음으로 지식을 얻고 그 지식을 얻음으로 과거 사례가 거기에 연결된다. 그런 경험과 깨달음을 다른 사람들에게 나누어줌으로써 다른 사람도 자극을 받아 자기 생각을 펼치고 그 생각을 내게 피드백한다. 그렇게 함으로써 다시 나도 업그레이드된다. "지식은 배우고 가르치고 나누면서 시너지를 낳는다. 혼자만 알고 있는 지식보다는 나누고 영향을 끼치는 것이 지식인 본연의 임무다." 피터 드러커 얘기다. 늘 호기심을 가지고 세상을 보는 것, 모든 것에서 배우는 것, 배운 지식과 경험을 주기적으로 정리하고 주변과 나누고 피드백받는 것, 이것이 지식의 신진대사이고 이런 행위를 통해 우리 모두 새로워질 수 있고 그 중심에 있는 것이 바로 글쓰기다.

인간은 누구나 인정의 욕구가 있다. 이를 위한 방법의 하나가 바로 책으로 자신을 증명하는 것이다.

2장

—

글을 쓰면
바뀌는 것들

글쓰기 전과 후로 나뉜다

내 인생의 가장 중요한 터닝 포인트는 무엇일까? 여러 가지가 있지만 글을 쓰기 시작한 사건이 가장 크다. 글쓰기는 내 인생을 바꿨다. 내 인생은 글을 쓰기 전과 글을 쓴 후로 나눌 수 있다. 글을 쓰기 전에는 공학박사로 대기업 엔지니어로 살았는데 글을 쓴 후에는 저자로 강사로 코치로 살고 있다. 글을 쓴 후 난 완전히 다른 사람이 되었다. 매일 공부한다. 공부하지 않으면 글을 쓸 수 없기 때문이다. 아니, 공부하는 걸 좋아하게 되었다. 공부한 걸 생활에 적용하고 다른 눈으로 세상을 보고 배운 걸 다른 사람들과 나누고 있다. 지식이 돈이 되는 기쁨도 있지만 더 큰 기쁨은 가슴 속에서 밀려오는 충만함이다. 혼자 있어도 외롭지 않다. 할 게 너무 많기 때문이다. 읽고 싶은 것과 읽어야 할 게 너무 많아 즐거운 비명을 지른다. 내가 배운 걸 사람들에게 나누겠다는 생각이 나를 흥분시킨다.

만약 글을 쓰지 않았다면 지금의 난 어떻게 되어 있을까? 밥을 굶지는 않았겠지만 지금같이 만족스러운 삶을 살지는 못했을 것이다. 글쓰기는 내 생활의 중심이다. 난 매일 새벽에 글을 쓴다. 1년 365일 하루도 빼놓지 않고 새벽 4시쯤 일어나 몇 시간씩 쓴다. 친구들과 일본으로 골프를 치러 갈 때도 난 새벽에 일어나 글을 썼다. 누가 강제로 시키는 건 아니지만 그만큼 그 시간을 좋아하기 때문이다. 나머지 시간도 글쓰기 재료를 준비하는 데 쓴다. 책을 읽고 신문을 보고 관련 자료를 스크랩하고 메모하는 것이 그것이다. 사람을 만나고 강연을 하고 코칭과 자문을 하는 것도 글을 쓰는 데 필요한 시간이다. 강연하고 사람을 만나다 보면 시상이 떠오르는 경우가 많다. 지금까지 20년쯤 글을 썼는데 죽는 날까지 이렇게 살 것 같다. 글쓰기는 내 최고의 취미이자 나 자신을 갈고 다듬는 도구이다. 내 생활이다. 글쓰기가 없는 내 삶은 생각할 수 없다.

난 왜 글을 쓸까? 처음엔 내 억울한 얘기를 하고 싶은 욕망이 강했다. 왜 나를 알아주지 않느냐, 왜 세상이 이렇게 엉망으로 돌아가느냐, 제발 정신 좀 차리자 같은 설교조의 얘기를 하고 싶었다. 다음엔 공부하기 위해 글을 썼다. 뭔가 조금 알긴 하는데 좀 더 알고 싶을 때 자료를 수집하고 공부를 한 후 그 결과물을 글로 썼다. 책 소개하는 게 직업이다 보니 책 내용 중 좋은 걸 좀 더 많은 사람과 나누고 싶은 욕망도 있었다. 이렇게 좋은 책을 나 혼자만 읽기는 아깝다. 당신도 좀 읽어보라는 욕구가 있었다. 책 소개를 20년쯤 하고 어느 정도 지식의 축적이 일어난 후에는 달라졌다. 다양한 인문학적 지식이 생기면서 세상을 바라보는 시각이 달라졌고 두려움이 생겼다. 개인과 사회와 국가에 대한 위기의식이 생겨났다. 이대로 나가면 구한말 나라를 빼앗기기 전과 다를 게 없다는 생각이 들어 그런 것에 관한 글도 쓰게 됐다. 손자 주원이가 태어난 후에는 육아일기도 쓰기 시작했다. 손자를 보면서 느끼는 생생한 감정을 잡아두기 위해서다. 나중에 육아일기도 책으로 묶어 낼 예정이다. 아마 주원이에게 좋은 선물이 될 것 같다. 요즘은 글 쓰는 이유가 사라졌다. 이유가 있어 글을 쓰는 게 아니라 그냥 습관처럼 글을 쓴다. 글쓰기는 생활이고 내 전부이기 때문에 밥을 먹고 화장실을 가는 것처럼 자연스러운 일상이다.

난 돈 때문에 책을 쓰지 않는다. 책을 쓰는 건 경제적으로 효용성이 크지 않다. 그래서 지인 중 한 사람은 유명 저자였는데 돈이 되지 않는다고 더 이상 책을 쓰지 않는다. 인세는 내 관심 영역이 아니다. 책을 쓰는 건 가성비가 맞지 않는다. 투자 대비 효과가 작다. 사실 인세는 별거 아니다. 물론 책이 많이 팔려 30쇄 이상 되면 조금 돈이 된다. 근데 그런 책은 많지 않다. 어떤 책은 1쇄밖에 못 찍는 경우도 있고 기껏 3~4쇄로 그친 책도 많다. 나도 내 책이 베스트셀러가 되는 꿈을 꾸지만 이는 내가 어떻게 할 수 있는 영역이 아니다. 열심히 쓴 책이 안 팔리는 경우도 있고 그냥 쉽게 쓴 책이 많이 팔리는 경우도 있다. 내가 책을 쓰는 가장 큰 이유는 공부하기 위해서다. 관심 분야를 공부하고 공부한 것에 대한 결과물이 바로 출간이다. 한 가지 주제에 대해 공부하고 생각하면 그걸 어떤 식으로든지 마무리 지어야 하는데 내 경우는 그게 출간이다. 책을 내기 전에는 앉으나 서나 그 주제에 대해 생각하지만 출간 후에는 관심이 덜해진다. 솔직히 더 이상 생각하고 싶지 않은 경우도 있다.

 책을 쓰는 가장 큰 이유는 나 자신을 변화시키기 위해서다. 책을 쓰면 어제보다 조금 나은 내가 되는 것 같다. 내가 쓴 책은 나의 가장 큰 족쇄다. 나를 자승자박한다. 나를 묶고 가두는 그런 존재다. 책에서 뭔가를 주장했는데 저자가 그 주장과 다른 삶을 살 수는 없다. 책을 하나 낼 때마다 난 새로운 족쇄를 차게 되는 것이다. 당연히 책대로 살려고 노력하게 되는데 그게 보통 일이 아니다. 『몸이 먼저다』를 쓴 내가 만삭인 배를 하고 다닐 수는 없다. 『리더의 언어』 『고수의 질문법』을 쓴 내가 남의 말은 듣지 않고 내 주장만 펼칠 수도 없다. 『한근태의 재정의 사전』을 쓴 내가 중요한 단어에 대해 명확한 생각을 하지 않고 살 수도 없다. 책을 하나 쓰면 한 분야를 공부하게 된다. 공부한 대로 살려고 노력하게 된다. 글쓰기는 최고의 공부다. 난 아직 글쓰기만한 공부법을 알지 못한다. 글쓰기는 최고의 수련법이다. 글쓰기는 최고의 밑천 마련법이다. 여기서 밑천은 자기만의 콘텐츠를 말한다. 우리가 장사하려면 밑천이 있어야 하는데 책은 최고의 밑천이 될 수 있다. 특히 지식 관련한 직업을 가진 이에게는 중요하다. 노동이 내 삶을 구원하는 게 아니라 공부가 내 삶을 구원한다는 것이 내 생각이다.

글을 쓰면 팔자가 바뀐다

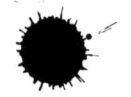

　내가 좋아하는 칼럼니스트 조용헌은 팔자 바꾸는 방법으로 몇 가지를 소개한다. 적선을 하라, 책을 많이 읽어라, 여행을 다녀라, 눈 밝은 스승을 만나라 등등……. 난 거기에 하나를 더하고 싶다. 바로 글을 쓰라는 것이다. 글을 쓰면 인생이 달라진다. 평범한 인생도 글을 쓰는 사람과 쓰지 않는 사람 사이에는 큰 차이가 있다. 똑같이 애를 낳아 기르지만 거기에 대해 책을 쓴 사람과 쓰지 않은 사람은 다르다. 누구나 하는 직장생활이지만 직장생활에 대한 노하우를 쓴 사람과 쓰지 않은 사람 역시 다를 수밖에 없다. 해외에 살았지만 그 경험을 쓴 사람과 그렇지 않은 사람 역시 다르다. 그런 면에서 팔자를 바꾸는 가장 가성비 좋은 활동은 책 쓰기다.

 내가 대표적이다. 만약 내가 글을 쓰지 않았다면 지금 난 무엇을 하며 살고 있을까? 내 또래 남성들처럼 퇴직 후 산악인으로 변신해 있을 가능성이 높다. 지루하고 따분한 생활을 했을 것 같다. 지금처럼 충만한 삶을 살 수 있는 건 모두 글을 쓴 덕분이다. 현재 내가 하고 있는 일 역시 책을 쓴 결과물이다. 직장인들의 가장 큰 고민은 퇴직 이후의 삶이다. 지금은 조직 안에서는 인정받고 있지만 조직을 나가는 순간 뭘 할지 막막하다. 그래서 많은 사람이 공인중개사 혹은 택시 운전을 생각한다. 여윳돈이 좀 있는 사람은 카페를 내거나 자기 사업을 구상하고 또 어떤 사람은 시골에 내려가 농사지을 생각을 한다. 성공 확률도 높지 않고 자칫하면 가진 돈마저 날릴 가능성이 있다. 안전하고 성공 확률이 높은 건 자신의 경험과 노하우를 책으로 엮는 것이다. 그리고 이를 통해 제2의 삶을 사는 것이다. 내가 생각하는 실업의 정의는 '자신의 경험과 지식과 노하우를 팔릴 만한 지적 자산으로 전환하는 데 실패한 것'이다. 지적 자산으로 전환하는 데 최선의 방법이 그걸 글로 써서 책으로 엮는 것이다.

 책을 써서 자신이 특정 분야에 대해 얼마나 잘 알고 있는지 증명해야 한다. 그럼 새로운 길이 열린다. 내가 책을 쓰는 이유 역시 내가 이런 걸 알고 있다. 난 이 문제를 이렇게 보고 있다는 내 생각을 꾸준히 사람들에게 알리기 위해서다. 보통은 말로 하지만 난 말에서 글로 영역을 확장했다. 난 나름 시장에서 인사 관련 전문가로 인정받고 있다. 인사부서에서 일한 경험은 없지만 『채용이 전부다』와 『면접의 힘』 같은 책을 썼기 때문이다. 인사부서에서 40년을 근무해도 그 분야의 책이 없으면 퇴직 후엔 아무것도 아니지만 인사부서 경험이 없어도 그 분야의 책이 있으면 전문가로 인정받을 수 있다. 난 리더십 관련 전문가이기도 하다. 『리더가 희망이다』『나는 어떤 리더인가』란 책을 쓰고 『리더십 파이프라인』과 맥스웰의 리더십 관련 책도 여러 권 번역했기 때문이다.

　난 대학에서 리더십을 가르치는 교수를 그렇게 신뢰하지 않는다. 특히 기업 경험 없이 리더십으로 석사와 박사를 받은 후 리더십을 가르치는 교수를 볼 때마다 의구심이 생긴다. 나도 모르게 이런 질문을 던지게 된다. "강의를 통해 리더십을 배울 수 있을까? 저렇게 리더십 전문가란 사람을 실제 조직에 투입하면 어떤 일이 일어날까? 그들이 리더십을 보여줄 수 있을까?" 그럼에도 그들이 리더십을 가르치는 이유는 리더십 관련 논문을 쓰고 책을 썼기 때문이다. 사실 조직 안에는 수많은 초절정 리더들이 있다. 성과로 리더십을 증명했으면서도 리더십을 가르치지 못하는 이유 중 하나는 책을 쓰지 않았기 때문이다. 진짜 리더십을 가르칠 사람들은 리더십을 강의하지 않고 엉뚱한 사람들이 리더십을 가르치는 격이다. 그래서 책을 써야 한다. 책으로 당신이 리더십 전문가란 사실을 알려야 한다.

난 커뮤니케이션 전문가다. 『리더의 언어』『고수의 질문법』『한근태의 재정의 사전』『리더의 비유』『역설의 역설』『말이 임팩트다』같은 책을 썼기 때문이다. 사실 리더십과 소통은 긴밀한 연관이 있다. 효과적인 소통 능력 없이 리더십을 발휘할 수 없기 때문이다. 소통 전문가는 언론홍보학과를 나온 사람이 아니다. 아나운서나 사회를 보는 MC가 소통 전문가는 더더욱 아니다. 이들은 소통보다는 분위기를 띄우는 엔터테이너에 가깝다.

기업 안에는 소통 전문가들이 제법 많다. 이들은 효과적으로 커뮤니케이션한다. 내가 생각하는 커뮤니케이션은 개념정리의 기술이다. 모호한 걸 명쾌하게 한다. 그 말이 무슨 말인지 재정의를 잘하고 알 듯 말 듯한 상황을 비유를 통해 명확하게 하고 위기의식을 불어넣어 긴장감을 불어놓고 아직 오지 않은 미래를 비전을 통해 현재 느낄 수 있게 만들어야 한다. 질문을 주고받으며 서로 간 입장 차이를 줄이고 코칭을 통해 동기부여를 한다. 또 건강 관련 강의도 많이 한다. 『몸이 먼저다』란 베스트셀러 책을 쓴 덕분이다. 내가 하는 일의 시작은 책이다. 관심이 있으니 공부를 하고 공부를 한 후 그걸 실행하고 지식과 경험과 내 생각을 모아 책을 쓰는 것이다. 글쓰기는 전문가가 되기 위한 필수 조건이다.

성공한 사람들의 습관에 관한 책 『타이탄의 도구들』을 보면 글쓰기의 중요성을 알 수 있다. 거기 대목을 옮겨본다. "글 쓰는 사람이 승리한다. 글 쓰는 사람이 미래를 얻는다. 나의 채용기준은 글을 명확하게 쓸 줄 아는 것이다. 글의 명확성이 곧 사고의 명확성이다. 디지털 시대가 발전할수록 글을 잘 쓰는 사람이 기회를 잡을 것이다. 성공한 사람은 말하기와 글쓰기에 탁월성을 갖춘 사람이다. 글을 쓸 때 단어선택, 어순, 어휘와 문법에 많은 관심을 집중한다. 이렇게 바쁜 시대에 언제 다 만나고 얘기를 하고 얘기를 듣는가? 글로 사람들 마음을 설득하고 사로잡고 변화시키는 시대가 왔다. 글을 잘 쓰는 사람이 미래를 얻게 될 것이다." 지금 사는 게 답답한가? 뭔가 변화를 주고 싶은가? 그럼 책을 써라. 책을 쓰면 변화가 일어날 것이다. 전문가가 글을 쓰는 게 아니라 글을 써야 전문가가 된다.

글을 쓰면 불우해지지 않는다

불우不遇란 말이 있다. 아닐 불不 플러스 만날 우遇로 이루어져 있다. '만나지 못하다'란 뜻이다. 기회를 만나지 못한 사람, 제대로 된 사람을 못 만난 사람, 때를 만나지 못한 사람이 불우하단 것이다. 내가 생각하는 가장 불우한 사람은 진정한 자신을 만나지 못한 사람이다. 자신이 어떤 사람인지, 자신의 강점이 뭔지, 정말 좋아하는 일이 뭔지 모른 채 살아가는 사람이다. 그런 사람은 늘 다른 사람들에게 휘둘린다. 자기 대신 남들이 원하는 공부를 하고 남들이 원하는 삶을 산다. 늘 속으로 이건 아니란 생각을 하지만 그게 인생이라 생각하고 시간을 허비한다.

여러분은 진정한 자신을 만난 적이 있는가? 진정한 나를 만나기 위해서는 어떻게 해야 할까? 진정한 자신을 만나는 여러 방법이 있다. 절에서 머무는 템플스테이도 자신을 만나기 위한 방법이다. 한적한 곳에서 하는 명상도 또 다른 나를 만나는 좋은 방법이다. 여행도 좋은 방법이다. 내가 생각하는 최고의 방법은 바로 글을 쓰는 것이다. 글을 쓰다 보면 깜짝 놀랄 때가 잦다. 내 안에 숨어 있던 기억, 생각, 상상력이 나도 모르게 터져 나온다. 내 안에 이런 생각이 있다는 게 믿어지지 않는다. 사실 '글을 통해 나를 만난다'는 생각은 한 번도 해본 적이 없다. 근데 여러 사람의 책을 읽고 글을 쓰면서 나도 모르게 이런 생각을 하게 됐다. 몇 사람 얘기를 들으면서 여러분의 생각을 정리해보길 바란다.

요즘 잘 나가는 서강대 철학과 최진석 교수는 글쓰기에 대해 이렇게 얘기한다. "글을 쓴다는 것은 자신을 표현하는 일이다. 몸속에 있기 버거운 영혼이 밖으로 뛰쳐나온 것이 글이다. 글은 솔직하게 써야 제대로 나온다. 진실하게 텅 빈 마음으로 자기를 드러나게 할 때 제대로 된 글이 나온다. 그래서 대낮에는 잘 안 써진다. 술이나 생활에 지칠 정도로 부대끼고 육신에 힘이 빠지고 온갖 것이 다 포기된 다음에 잘 써진다. 자신만 고독하게 남은 새벽에 글이 잘 써진다. 글을 쓰면서 사람들은 자신과 대면한다. 글이 잘 써지지 않는 것은 자신이 자기에게 잘 드러나지 않는다는 것이다. 글이 잘 써진다는 것은 오직 자신만이 등장하여 움직이고 있다는 뜻이다." 그의 주장은 명확하다. 글을 써야 자신을 만날 수 있고 글을 쓰지 않으면 자신과 만날 수 없다는 것이다.

  내가 좋아하는 이해인 수녀도 비슷한 생각을 하는 것 같다. 그녀의 말이다. "나는 글쓰기가 왜 중요한지 전혀 알지 못했다. 침묵 규칙에 대해 배우고 원할 때마다 말할 수 있는 유일한 방법이 글쓰기라는 것을 깨닫기 전까지는 말이다. 내가 침묵을 지켜야만 할 때 글쓰기는 항상 나를 구해주었고 내가 알고 있는 가장 훌륭하고 신성한 평온 가운데 하나가 되었다. 나는 크게 소리 내어 말할 수 없는 것을 항상 노트, 편지지, 일기장에 먼저 이야기하게 되었다. 게다가 정말로 말문이 막힐 때는 글을 쓰면서 항상 필요한 단어를 찾을 수 있었다. 수녀원에 입회하여 말하고 싶은데 말할 수 없게 되었을 때 비로소 글을 쓰는 소리에 정말로 진지하게 귀를 기울이게 된 것이다. 언제부턴가 나는 글쓰는 소리를 알게 되고 사랑하게 되었다. 그리고 오늘 이후로 당신에게도 똑같은 일이 일어나기를 바란다. 특히 하루를 마감하거나 시작할 때 부과되는 침묵의 규칙은 너무나 중요하다. 만약 자신의 생각을 들을 수 있다면 무엇을 써야 할 지와 관련해서 결코 많은 문제가 생기지 않는다. 자신의 생각으로 들어가는 티켓이 확보된 셈이기 때문이다. 하루를 마감하며 갖는 위대한 침묵보다 자신의 생각을 들을 기회를 넓히는 것은 없다." 글을 쓰는 건 자기를 만나는 티켓을 확보하는 것이다, 자기를 만나기 위해서는 우선 입을 다물어야 하고 입을 다물지 않으면 자기를 만날 수 없다는 것이다.

살면서 가장 자주 만나야 할 사람은 친구가 아니다. 아내도 아니다. 바로 나 자신이다. 근데 나 자신을 만나기 위해서는 어떤 노력을 해야 할까? 우선 혼자 있어야 한다. 혼자만의 시간을 보낼 수 있어야 한다. 다음은 입을 다물어야 한다. 침묵해야 한다. 입을 연 상태로 나를 만날 수는 없다. 마지막은 글을 쓰는 것이다. 글을 쓴다는 건 내 심연으로 깊이 들어가는 행위다. 내 무의식 속으로 침잠하는 과정이다. "말은 남과 대화하는 것이고 글은 자신과 대화하는 것이다. 남들과는 말을 적게 하고 자신과 많은 대화를 하라." 세네카의 말이다.

글을 쓰면 인생이 다듬어진다

 글을 쓴다는 것은 큰 스트레스이다. 한스레터 때문에 매주 하나는 기본이고 여러 곳에 고정 칼럼을 싣는다. 기타 사보, 출판사와 한 약속 때문에 늘 써야 할 글이 머릿속을 차지하고 있다. 숙제 하나 끝내면 다음 숙제가 기다리고 있고 이 고개를 넘으면 다음 고개가 기다리고 있는 격이다. 더구나 글 읽는 사람이 늘어나면서 글에 대한 기대 수준이 높아져 대충 쓸 수도 없다. 우선 내가 실망스럽고 다른 사람에게도 실망을 주기 때문이다.
 글이 써지지 않을 때는 스트레스를 받는다. 마감일을 앞둔 사람들의 스트레스는 '전쟁터에 끌려갈 때 스트레스의 세 배쯤' 되지 않을까 하는 나름의 생각을 해본다. 새로운 시상(詩想)이 넘쳐

그저 자판이나 두드리면 별문제가 없지만 어떨 때는 한 달이 되어도 아무 생각이 나질 않는 경우가 비일비재하다. 그럼에도 무언가를 써 보겠다고 컴퓨터 앞에 앉으면 늘 다음 격언이 떠올라 나를 못살게 군다. "글을 쓰는 것은 수표를 발행하는 것과 비슷하다. 사상思想이 없는데 글을 쓰려 하는 것은 은행에 잔고가 없는데 수표를 발행하는 것과 같기 때문이다." 할 말도 없으면서 뻔한 소리로 사람들을 괴롭히지 말라는 얘기이다.

하지만 글을 쓰는 것은 가치 있는 일이다. 우선 글을 쓰게 되면 사람과 사물을 보는 눈이 달라진다. 예사로이 보아 넘기던 일도 새로운 시각으로 보게 된다. 여러 곳에서 소재거리를 찾게 되기 때문에 호기심이 강해진다. 책도 많이 보게 되고 시간만 나면 영화도 보러 간다. 인기 있는 물건이나 장소가 있으면 그것을 사거나 경험하려고 노력한다. 사람들이 무엇에 열광하는지 궁금한 것이다. 시간이 날 때마다 여행도 간다. 가서 무언가를 느끼려 하고 새롭게 무장하려 애쓰게 된다. 또 만나는 사람들에게 무언가를 배우려 하기 때문에 많은 질문을 하게 된다. 이상한 행동을 하는 사람을 보아도 미워하기에 앞서 그 사람을 이해하려는 마음도 생긴다. "왜 저 사람은 저런 행동을 할까, 자라온 환경 때문일까, 아니면 잘못된 믿음 때문일까, 저 사람이 저런 행동을 계속하면 주변 사람들이 어떤 반응을 보이게 될까, 저런 행동이 결국 본인에게 큰 손해가 된다는 것을 저 사람은 알고 있을까?" 그저 스쳐 지나가던 사물과 사람들에 대해서도 새로운 시각을 갖고 바라보게 된다.

　글을 쓰면 생각이 정리된다. 오만 가지 생각이 구천을 맴돌 때가 있다. 이런 생각과 저런 생각으로 하루에도 수십 번씩 성을 쌓다가 부술 때가 있다. 하고 싶은 말은 많지만 그저 꾹 참고 속으로 새기느라 답답한 경우도 있다. 말이란 들어주는 대상이 있어야 가능하지만 글이란 들어줄 대상이 없어도 쓰는 것이 가능하다. 글을 쓰다 보면 생각이 정리된다. 새로운 아이디어가 떠오르는 경우도 있다. 지금 이 글도 사실 이런 얘기를 하려고 했던 것이 아니었는데 쓰다 보니 글에 관한 얘기가 되고 말았다. 전여옥은 "워드프로세서는 단순한 타이핑 기계가 아니라 생각을 정리하는 도구"라는 얘기를 한 적이 있다. 정말 공감한다. 글을 쓰다 보면 정말 내가 하고 싶은 얘기가 무언지를 알게 된다. 확실히 알고 있는 것과 어설프게 알고 있는 것이 구분된다. 어설픈 것은 글로 옮길 수 없기 때문이다. 글을 쓰다 보면 나 자신이 갈고닦이는 것을 느낄 수 있다. 또한 나를 되돌아보게도 한다. 무엇보다 글을 쓰면 진정한 나와 마주 서게 된다. 글로는 나를 속일 수 없기 때문이다. 종일 다른 사람들 틈에서 타인과 주파수를 맞추느라 돌보지 못했던 나 자신을 돌아보게 되는 것이다.

나는 누구를 위해 글을 쓰지 않는다. 나 자신을 위해 글을 쓴다. 글을 쓰면서 나 자신을 정리 정돈한다. 아침에는 오늘 무엇을 할 것인지를 생각하고 마감 시간에는 오늘 내가 잘한 일은 무엇이고 잘못한 일은 무엇인지를 돌아보게 된다. 글쓰기를 통해 나는 다듬어진다.

글을 쓰면 전문가가 된다

 글쓰기는 최고의 학습법이다. 난 뭔가를 공부하고 싶을 때 책을 쓴다. 채용을 공부하기 위해 쓴 책이 『채용이 전부다』이고 제대로 몸을 만들기 위해 쓴 책이 『몸이 먼저다』이다. 최근 쓴 『한근태의 재정의 사전』 『고수의 질문법』 『역설의 역설』은 다 재정의와 질문과 역설을 공부하기 위해 자료를 모으고 생각을 정리해 책으로 엮은 결과물이다. 난 관심이 가는 분야가 생기면 공부 방법으로 책 쓰는 걸 택한다. 시간도 들고 힘도 들지만 결과로는 최고다. 일단 그 분야의 책을 한 권 쓰면 그 주제에 관해 나름의 의견을 가질 수 있고 전문가로 등극할 수 있다.
 내게 글쓰기는 최고의 공부 방법이다. 조만간 인문학 관련 책

을 쓸 예정이다. 인문학의 으뜸은 역사다. 그동안 제법 많은 역사 관련 책을 읽고 요약하고 소개했다. 『부의 역사』 『달러 이야기』 『어떻게 세계는 서양이 주도하게 되었을까』 『세계사 지식향연』 『학교에서 가르쳐주지 않는 일본사』 『역사로 읽는 경제』 등등……. 다음은 지리다. 지리에 관한 책도 많이 읽었다. 제러드 다이아몬드의 『나와 세계』 『네덜란드 이야기』 『경제는 지리』 『셰일 혁명과 미국 없는 세계』 『지리의 힘』 등등……. 지리를 공부하면서 지정학의 중요성을 실감하게 된다. 지금처럼 살면 한국이 위험할 수 있다는 강한 위기의식도 생겼다.

난 글을 쓰기 전 내 콘텐츠에 대해 사전점검을 한다. 혼자만의 주장인지, 그게 사람들에게 호소력을 갖는지를 알기 위해서다. 얼마 전 윤은기 회장이 주최하는 백강포럼이란 곳에서 인문학 관련 콘텐츠를 갖고 처음 강의를 해봤다. 혼자만 읽고 생각하고 고민을 했는데 나도 모르게 역사와 지리에 관한 얘기를 하게 된 것이다. 원래 강연 제목은 『고수의 질문법』인데 내가 질문하고 내가 답하면서 나도 모르게 그런 얘기를 했다. "지금처럼 살면 우리에게 어떤 일이 일어날까요? 21세기 이완용은 어떤 모습을 하고 있을까요? 19세기 말 쇄국주의를 주장하다 나라를 말아먹은 것과 데이터 쇄국주의를 하다 기업을 망하게 하는 것과 어떤 차이가 있을까요?" 이런 얘기를 하다 나도 모르게 역사와 지정학 관련 얘기를 했는데 뜻밖에도 참가자들이 뜨거운 반응을 보였다. 책을 읽고 느낀 혼자만의 위기의식에 다른 사람들도 공감한다고 생각하게 됐다. 그럼 다음 과정은 내 생각을 구체적으로 글로 옮겨보는 것이다.

나만 그런 생각을 하는 건 아니다. 예일대학교 물리학과의 라마무르티 샹커 교수도 비슷한 주장을 한다. "책을 쓰다 보면 내가 무엇을 알고 무엇을 모르는지 명확히 드러난다. 그래서 난 무언가를 제대로 알고 싶을 때 책을 쓴다. 집필 과정에서 많은 걸 배운다. 책을 쓰고 나면 학생들에게 새롭게 이해한 부분을 설명하고 싶어 몸이 근질거린다." 글쓰기 분야에서 한 획을 그은 강원국도 이런 얘기를 한다. "글은 자신이 제기하고자 하는 주제의 근거를 제시하고 그 타당성을 입증해 보이는 싸움이다. 좋은 자료를 얼마나 모으느냐에 성패가 좌우된다. 자료가 충분하면 그 안에 길이 있다. 자료를 찾다 보면 그 안에 반드시 길이 있다. 글은 자료와 생각의 상호작용이 낳은 결과다." 글을 쓰는 것이 최고의 공부 방법이란 것이다.

글쓰기는 최고의 자기수련 방법이다. 인문학자 고미숙은 『몸과 인문학』이란 책에서 다음과 같은 주장을 했다. "암송과 연극,

필사와 구술 등 고전의 입구에 들어가는 방법은 무수히 많다. 최후의 관문이 있다. 바로 글쓰기다. 고전의 지혜와 나의 몸이 화학적으로 융합되는 절정의 순간이다. 쿵푸를 배울 때 교재만 죽어라 읽어대는 이는 없다. 반드시 몸으로 직접 해야 한다. 넘어지고 쓰러지고 위험을 무릅써야 한다. 지성의 훈련도 이와 같다. 대중이 평생 지식인의 말을 듣고 그들이 쓴 글을 읽기만 한다면 그건 불평등한 배치다. 대중지성이란 대중 자신이 지성의 주체가 되는 것이다. 그렇다면 당연히 읽고 암기하고 베끼고 한 다음 스스로 글을 써야 한다. 발산과 수렴의 동시성, 오행의 모든 기운을 다 응집해야 하기 때문이다. 개운법開運法으로 최고다. 글쓰기만큼 보편적인 활동도 없고 원초적인 욕망도 없다."

　우유를 마시는 사람과 우유 배달하는 사람 중 누가 더 건강할까? 당근 배달하는 사람이다. 영국 속담이다. 글쓰는 사람과 책 읽는 사람 중 누가 더 많은 혜택을 받을까? 당연히 글쓰는 사람이다. 글쓰기는 최고의 공부이다. 변화하고 싶은가? 거듭나고 싶은가? 제2의 인생을 살고 싶은가? 전문가가 되고 싶은가? 자신의 능력을 업그레이드하고 싶은가? 내 안의 잠든 거인을 깨우고 싶은가? 사람들로부터 인정받고 싶은가? 어떤 방법이 가장 효과적일까? 단연코 글쓰기다. 내 인생은 글쓰기 전과 글 쓴 후로 나눌 수 있다. 난 글쓰기 전의 내가 아니다. 계속해서 발전하고 진화한다. 매일 일신우일신日新又日新하고 있다. 지금 이 순간은 일요일 새벽이다. 남들은 생각하지 못하는 순간에 일어나 글을 쓰고 있다. 난 글을 쓰면서 내가 나아지고 있다고 생각한다. 충만함을 느낀다. 쓰는 순간 난 이미 성장하고 있는 것이다.

글을 쓰면 늙지 않고 예뻐진다

아이들은 잘 때 자란다는 말을 많이 한다. 그렇다면 어른들은 언제 성장할까? 아니, 어른들도 성장할 수 있을까? 성장할 수 있지만 대부분 성인들은 스스로 다 성장했다고 생각하기 때문에 성장하지 못한다. 젊어서의 난 생존하기 위해 살았다. 좋은 학교에 가기 위해 공부했고 학교를 졸업한 후에는 사회에서 살아남기 위해 노력했다. 물론 그것도 필요한 일이긴 했지만 그런 노력이 삶을 풍요롭게 하지는 못했다. 난 오히려 지난 20년 동안 많이 성장한 것 같은데 중심에 글쓰기가 있다. 다양한 주제에 대해 공부하고 이를 바탕으로 글을 쓰면서 나도 모르게 성장한 것 같다. 내가 생각하는 최고의 훈련은 글쓰기다.

공부하는 50대가 많아지는 걸 보면 다른 사람들도 나처럼 생각하는 것 같다. 특히 주변 코치 중에 그런 사람들이 많다. 이들 중에는 대기업 사장까지 한 사람들이 제법 있는데 예전보다 광채가 난다. 자유로워지고 여유가 있고 말에서도 품격이 느껴진다. 수입은 예전보다 줄었지만 삶의 질이 올라갔기 때문이다. 그 중심에도 공부와 글쓰기가 있는 것 같다. 그걸 보면 최고의 자기관리는 공부와 글쓰기가 아닌가 싶다. 글을 쓰면 예뻐진다. 내가 좋아하는 박완서 선생의 주장이다. 그녀의 말을 옮겨본다. "40세에 첫 소설을 쓰고 나서 다시 40년 가까이를 더 살았으면서도 나는 내가 아직도 충분히 젊다고 생각하는데 그것도 이야기의 힘이라고 생각한다. 여기서 젊다는 건 체력이나 용모를 말하는 것이 아니라 좋은 것을 좋다고 느낄 수 있는 감수성과 옳고 그름을 분별할 줄 알고 옳지 못한 일에 분노하고 부조리에 고뇌할 수 있는 정신의 능력을 말한다. 이런 정신의 탄력을 유지할 수 있는 비결은 사람에 따라 다르겠지만 내 경우는 글쓰기가 아닌가 싶다. 글을 쓸 때 늙었다는 것은 속도가 느려졌다는 뜻이 아니라 감수성이 경직되고 진부해졌다는 것이다. 내 감수성이 진부해지지 않도록 나름 노력을 많이 한다. 어떻게 노력하느냐 하면 좋은 글을 많이 읽는다. 예술 분야도 자주 접한다. 좋은 것을 보면 감동할 수 있는 것 이게 감수성이다. 감동이 없다면 이 세상을 어떻게 사는가?"

글은 고도의 육체노동이다. 컨디션이 최고여야만 글을 쓸 수 있다. 자기관리가 되지 않으면 절대 쓸 수 없다. 과음하면 며칠간 글쓰기와는 이별해야 한다. 아파도 글을 쓸 수 없고 피곤해도 글을 쓸 수 없다. 띵한 머리로 앉아봤자 한 줄도 쓰지 못한다. 공부하지 않아도 쓸 수 없다. 밑천이 없는 사람이 글을 쓰려는 건 방전된 배터리로 시동을 걸려는 것과 같다. 글을 쓰기 위해서는 넉넉한 밑천과 최고의 컨디션이 필수적이다. 그런 면에서 글 쓰는 사람은 운동선수와 같다. 둘 다 자기관리가 되지 않으면 절대 할 수 없는 일이다. 자기관리를 잘해야만 글을 쓸 수 있고 글을 쓰면 동시에 자기관리가 된다. 계속 글을 쓸 수 있다는 건 자기관리가 잘되고 있다는 증거로 보면 된다.

글을 쓰면 성장할 수 있다. 근데 이를 위한 필수조건이 있다. 바로 고독이다. 혼자만의 시간을 확보할 수 있어야 한다. 글을 쓰기 위해서는 혼자 있어야 한다. 늘 사람들과 어울리는 사람들, 늘 사람들 속에 파묻혀 있는 사람들은 글을 쓸 수 없고 성장에 한계가 있다. 자꾸 누군가를 만나고 건수를 만들어 모임을 만드는 사람들은 왜 그럴까? 내가 생각하는 이유 중 하나는 불안 때문이다. 혼자 있을 때 엄습하는 외로움을 견디지 못한다. 성장하기 위해서는 글을 써야 하는데 첫걸음은 혼자 있는 것이다. 텔레비전을 보는 것보다는 책을 읽고 글을 쓰면 도움이 된다. 글쓰기는 외로운 작업이다. 글을 쓸 때는 문을 닫아걸어야 한다. 글을 쓸 때는 바깥세상과 단절되어야 한다. 글을 쓰는 것은 나 자신을 찾아가는 것이고 자기만의 세계를 만드는 일이기 때문이다. 무라카미 하루키는 매일 달리고 글쓰는 규칙적인 삶을 위해 사교적인 삶을 포기했다. 초대를 반복 거절하면 누구나 불쾌하게 생각하지만 자신의 삶에서 더 중요한 관계는 독자와의 관계라고 말했다. 독자와의 관계를 위해 사교적인 삶을 포기하고 더 좋은 작품을 쓰는 데만 집중한다는 것이다. 위대한 인물들은 한결같은 공통점이 있다. 그들은 쉬지 않고 공부하고 연구했다. 1분도 허투루 보내지 않았다.

"달리기와 글쓰기는 나를 드러내는 두 가지 방법이다. 달리기를 통해 깨달은 진실을 글쓰기라는 형태로 드러낸다. 진실을 찾으려면 의식의 깊은 곳에 들어가야 하고 그러기 위해서는 먼저 고독해져야 한다. 홀로 있지 않으면 새로운 것을 창조할 수 없다. 위원회 같은 곳에서 창조적인 것이 나올 수는 없다. 먼저 어떤 생각을 머릿속에 넣어두고 싹을 틔우도록 잠시 내버려둔다.

그러다 생각이 정리되면 나는 타자기 앞으로 가서 글을 쓴다. 진실이 찾아오는 그 순간에는 짧으나마 내 눈을 멀게 할 정도로 환한 빛이 느껴진다. 진실에 대해 쓰고 싶다면 너 자신이 먼저 진실해져야 한다." 조지 쉬언이 『달리기와 글쓰기』에서 한 말이다.

글을 쓰면 남들과 차별화된다

대기업 유통회사에 강의를 갔다. 해외지사에 근무하는 사람들을 1년에 한 번 모아 일주일간 교육하는 데 간 것이다. 늘 그렇듯 "자신의 지식을 말로만 하지 말고 글로 써라. 그래야 내 것이 되고 성장할 수 있다."라는 얘기를 했다. 강의를 끝냈는데 참석자 중 한 사람이 내게 와 자신을 소개한다. 중국에서 7년을 일했다고 한다. 그냥 사무실에 있는 게 아니라 시장을 알기 위해 중국 전역을 샅샅이 뒤지고 다녔단다. 주로 고객 관점에서 보려고 노력했다고 한다. 중국어도 책으로 배운 게 아니라 길거리에서 배웠단다. 한 마디로 중국시장 전문가다.

핵심은 이러했다. 시장이 너무 다르다. 남쪽과 북쪽이 다르고 동쪽과 서쪽이 다르다. 또 시장이 너무 빠른 속도로 변한다. 1년 전 중국과 지금의 중국과 1년 후 중국은 완전히 다른데 이걸 간파하지 않으면 백전백패라는 것이다. 10분간 얘기를 들으면서 나름의 전문성과 통찰력을 읽을 수 있었다. 난 거꾸로 뭐가 문제인지 물었다. 문제는 이러했다. 회사가 중국 전문가인 자신을 일본으로 발령을 내려 하는데 어찌하면 좋겠냐는 것이다. 그가 한 말이다. "중국에서 좀 더 일하고 싶은데 그게 가능할까요? 정말 책을 쓸 수 있을까요? 뭔가 변화가 일어날까요?" 회사를 섣불리 그만두는 걸 난 반대했다. 일단 그동안의 전문성을 바탕으로 책을 쓰고 이후 상황을 보고 그때 가서 판단할 것을 권했다.

사실 그동안 책을 쓰라는 조언은 수십 명에게 했다. 하지만 결과로 연결된 사람은 많지 않았는데 그는 달랐다. 3개월 만에 책의 초고가 도착했다. 빛의 속도로 쓴 것이다. 7년간 발로 뛰면서 얻은 얘기라 물 흐르듯 쓴 것 같았다. 나 같은 비전문가가 봐도 새롭고 참신했다. 재미있고 배울 게 많았다. 원고를 아는 출판사에 보냈는데 바로 내도 될 것 같다는 답이 왔다. 원래 이 출판사는 까다로운데 의외의 답변이었다. 결과는 대박이었다. 책도 잘 팔렸지만 이 책으로 많은 사람이 강의를 요청하고 자문을 부탁하고 같이 사업하자는 제안까지 온 것이다. 처음에는 회사 일을 하면서 틈틈이 강의도 하고 자문을 하다 마침내 자기 사업을 시작했다.

최근 그를 만났는데 여러 가지 일을 동시에 하고 있었다. 자기 사업도 하고 중국 관련 회사의 감사도 맡고 중국 전문가를 키우는 사관학교도 만들고 등등……. 너무 하는 일이 많았다. 무엇보다 활기차 보였다. 1년에 반은 중국에 있는데 변화 속도가 빨라 계속 있지 않으면 파악하기 어렵다고 했다. 그래서 한동안 활동하던 중국 전문가가 지금은 별로 없다고 한다. 글쓰기에 관한 그의 생각을 물어봤다. 그의 답변은 명확했다.

"전 한 번도 글을 쓴 적이 없는데 교수님 얘기 듣고 난생처음 글을 썼습니다. 긴가민가하면서 글을 썼습니다. 근데 책을 쓰면서 제 인생이 완전히 달라졌습니다. 제가 가진 지식과 전문성을 정리할 수 있었습니다. 겸손해졌습니다. 제가 가진 지식이 별거 아닐 수 있다는 생각을 했습니다. 무엇보다 큰 변화는 외부의 변화입니다. 중국 관련 갈증을 느끼는 기업이 너무 많았습니다. 제겐 별거 아닌 지식과 정보가 그들에게는 결정적 정보가 되었습니다. 월급쟁이에서 전문가로 변신하게 되었습니다. 전문가란 소리를 들으니까 그걸 유지하기 위해 더 공부하고 자꾸 좋은 기회들이 생깁니다. 강의와 자문은 기본이고 여러 회사에서 사외이

사, 고문, 감사 등의 역할도 부탁합니다. 무엇보다 중국 관련 전문가 사관학교를 만들어 운영하는 데 정말 큰 보람을 느낍니다."

경제적으론 어떤지도 물어봤다. 그는 이렇게 답했다. "자문하는 회사에서 받는 자문료만으로도 예전 회사의 월급은 됩니다. 근데 예전 회사의 동기들은 지금 어렵습니다. 유통업의 변화를 따라가지 못해 중국시장에서 철수하고 한국에서도 점포 수를 줄이면서 다들 구조조정 압력을 받고 있습니다. 만약 제가 책을 쓰지 않았으면 어땠을까요? 교수님 덕분에 40대 중반에 인생을 바꿀 수 있어 아주 좋고 행복합니다."

책을 쓰면 인생이 변한다. 변할 가능성이 높다. 책을 쓸 수 있다는 건 남들과 다른 삶을 살았다는 증거다. 남들과 비슷한 생각으로 비슷하게 살면 책을 쓰기도 어렵지만 책을 써도 사람들이 읽지 않는다. 책을 쓰기 위해서는 책에 쓸 만한 내용을 만들면서 살아야 한다. 책을 쓰면 자신이 무지하다는 사실을 알 수 있다. 당연히 더 노력하게 된다. 책을 쓰면 책 쓴 대로 살아야만 한다. 함부로 살 수가 없다. 독자들이 나를 지켜보기 때문이다.

글을 쓰면 성장하고 생존한다

요즘 강의를 업으로 하는 사람들이 늘고 있다. 자유롭고 돈도 되고 나름 존경받을 수 있기 때문이다. 나 역시 강의가 주요 직업 중 하나이기 때문에 하고 싶다는 사람에겐 강의를 해보라고 권한다. 근데 좋은 강사가 되기 위해서는 무엇이 필요할까? 좋은 강사가 되기 위해서는 어떻게 해야 할까? 강의 관련해서는 세 가지 이슈가 있다. 누구에게 강의할 것인가, 무엇을 강의할 것인가, 어떻게 강의할 것인가?이다.

난 누구에게 강의하는가? 내 고객은 기업이다. 난 개인보다는 기업을 대상으로 강의한다. B2C보다는 B2B 강의를 많이 하는 셈이다. 개인을 대상으로 하는 강의도 안 하는 건 아니지만 대부분 기업이 주 고객이다. 신입사원부터 사장까지 모든 직급의 강의를 한다. 난 직급이 높고 전문가 집단을 선호한다. 대신 학력이 짧거나 너무 나이 든 사람이나 너무 어린 사람은 선호하지 않는다. 그들과 눈높이 맞출 자신이 없다. 예전에는 대학 강의도 했는데 지금은 하지 않는다. 중학생이나 고등학생 강의는 가능한 한 하지 않는다. 몇 년 전 멋도 모르고 갔다 죽는 줄 알았다. 그들도 힘들었고 난 더 힘들었다.

　난 무엇을 강의하는가? 내가 쓴 책 관련 아젠다에 대해서는 다 강의할 수 있다. 건강부터 일 잘하는 방법, 리더십과 커뮤니케이션, 조직문화, 변화까지 다 한다. 아젠다는 내가 정하지 않는다. 주로 고객들로 하여금 정하게끔 한다.『면접의 힘』이란 책을 쓴 후에는 면접관 교육에 관한 문의도 심심치 않게 온다. 어떻게 강의하는가? 난 파워포인트 없이 칠판만 놓고 강의한다. 정해진 건 없지만 고객의 니즈를 파악하고 질문을 던지면서 일방적이 아닌 쌍방향 강의를 선호한다. 그들이 질문하고 내가 답하는 식의 강의를 제일 좋아한다.

　근데 강의 관련해 기억할 사실이 하나 있다. 강의는 하고 싶다고 할 수 있는 게 아니란 것이다. 강의는 누군가 내게 부탁을 해야 비로소 할 수 있다. 근데 어떻게 그런 부탁을 받을 수 있을까?

학교 교수는 자동으로 부탁받는다. 교수가 된다는 건 강의를 할 수 있는 공식 자격을 주는 자리다. 학점이란 권한을 갖고 있기 때문에 듣기 싫어도 들을 수밖에 없는 구조다. 요즘은 달라졌다. 교수하기도 많이 어려워졌다. 피드백이 나쁘면 학생들이 오지 않고 학생이 적으면 그 강의는 자동으로 취소된다. 교수평가 관련 평가 앱까지 있어 거기 들어가면 대한민국 모든 교수에 대한 평가까지 나온단다. 강의 관련해 기억해야 할 또 다른 사실이 있다. 누구나 한 번은 강의할 수 있지만 계속해서 강의하는 건 쉽지 않다는 것이다. 직업으로서의 강사는 절대 쉽지 않다.

그런 면에서 강사도 지속가능이 주요 이슈다. 한때 잘 나갔던 강사 중 지금은 사라진 사람이 숱하다. 지금 잘 나가는 강사도 몇 년 후면 사라질 수 있다. 누구나 강사는 할 수 있지만 직업으로 하기는 쉽지 않다는 것이다. 무라카미 하루키는 『직업으로서의 소설가』에서 이런 말을 한다. "장편소설은 누구나 쓸 수 있지만 이걸로 생계를 유지하는 건 다른 얘기다. 계속 뭔가를 쓸 수 있다는 것, 이를 직업으로 할 수 있다는 건 몹시 어렵고 많은 노력이 필요하다." 강사와 소설가가 비슷하다. 몇 번은 할 수 있지만 지속가능하기가 쉽지 않다. 평판이 좋으면 그 강사는 여기저기 불려다니지만 반대로 평판이 나빠지면 시장에서 사라질 가능성이 높다.

나도 그게 가장 두렵다. 한때 잘 나가는 게 중요한 게 아니라 꾸준히 평판을 유지하는 것이 관건이다. 이를 위해 필요한 게 뭘까? 바로 글쓰기다. 신간발표다. 한 가지 메뉴만을 계속 파는 것보다 공부하면서 신제품 개발을 계속해야 하고 시장에 알려야 한다. 내가 꾸준하게 책을 쓰는 이유다. 근데 강사 중 책을 쓰지 않는 사람들이 제법 많다. 한 권의 책을 쓴 후 몇 년간 강의 외에는 아무런 노력을 하지 않은 사람도 많다. 위험한 일이다. 코치들도 그렇다. 책이 없어도 코치는 할 수 있지만 책이 있으면 코치하기에 유리하다. 내 소개를 번거롭게 할 필요도 없다. 하고 싶은 얘기를 내가 쓴 책이 대신해주기 때문이다. 적자생존이다. 적는 자가 생존할 수 있다. 그런 면에서 쓰기는 생존의 문제다. 쓰면 생존할 수 있고 쓰지 않으면 잊힐 것이다. 더더욱 지식 관련 업을 하는 사람들에게 글쓰기는 필수다. 지식업종에 있으면서 글을 쓰지 않는 건 일종의 직무유기다. 자기만의 세계를 가지려는 사람도 글을 써야 한다. 글쓰기에 대한 다른 사람들의 의견이 궁금하다.

3장

—

글을 쓰면
얻게 되는 것들

글을 쓰면 모호했던 것들이 명료해진다

　얼마 전 중등학교 교감 선생님을 대상으로 강의할 기회가 있었다. 한 시간 전쯤 연수원에 도착했는데 담당 장학관이 시험 문제를 내달라고 했다. 강의 내용을 얼마만큼 숙지했는지 확인하고 평가하기 위해서라고 했다. 별생각 없이 주관식으로 문제를 내자 고개를 저으며 오지 선다형으로 다시 내달라고 했다. 객관식 문제를 가지고 강의 이해 여부를 판단할 수는 없다고 해도 사정상 주관식 문제는 낼 수 없단다. 억지로 문제를 만들어 주긴 했지만 나이 50이 넘은 교감 선생님들을 어떻게 오지 선다형 문제로 평가하겠다는 것인지 도저히 이해할 수 없었다.
　요즘 대학에서의 커닝이 새삼 이슈가 되고 있다. 사실 커닝 문제는 어제오늘 문제는 아니다. 학생 스스로 반성 움직임이 있고 방지하기 위한 여러 대안이 나오고 있지만 지금 같은 평가 방법이 계속되는 한 커닝은 계속될 것이다. 시험을 통해 잘 외우고 있는지를 평가하면 학생들은 자신의 부족한 메모리 용량을 그런 식으로 보완하려 하기 때문이다. 하지만 어떤 지식도 잘 외우고 있다는 것으로 효과를 발휘하지는 못한다. 특히 인터넷 등으로 정보 접근성이 예전에 비해 쉬워졌는데 그런 식의 평가는 별 도움이 안 된다.

그런 식의 제도에 익숙한 일류대 출신의 한국 유학생들이 아이비리그에서 고생하는 이유는 평가 방법이 다르기 때문이다. 아이비리그에서 가장 중점을 두는 것은 에세이 쓰기이다. 학점도 좋고 토플이나 GMAT 성적이 좋아 입학은 했지만 입학 후 에세이 쓰기에서 좌절을 겪게 되는 것이다. 외우고 집어넣고 베끼고 하는데 익숙했던 이들에게 에세이 쓰기는 높게만 보이는 고지인 것이다. 에세이를 쓴다는 것은 이해를 바탕으로 한다. 강의를 이해하고 과제물을 다 읽어야 가능하다. 단지 이해한 것만으로 글을 쓸 수는 없다. 나름대로 소화하여 자기 것으로 만들어야 한다.

강의를 듣고 무엇을 느꼈는지, 거기에 대해 자신의 생각은 무엇인지를 머릿속으로 그릴 수 있어야 한다. 그 과정에서 많은 혼란이 따르기도 하지만 그런 과정을 거치면서 비로소 생각이 정리된다. 시간이 지나면서 흙탕물이 가라앉고 맑아지는 메커니즘이다. 하지만 그것을 표현하여 남에게 전달하기 위해서는 또 다른 고민이 필요하다. 종합적으로 스토리 라인을 구상해야 한다. 어떤 식으로 글을 시작할 것인지, 주장을 어느 부분에 삽입하고 맞는 사례로는 어떤 것이 적합할 것인지, 어떻게 결론을 유도하고 자연스러운 마무리는 어떻게 할 것인지…….

"글쓰기는 모호함에 대한 공격이다." 엘리어트의 말이다. "종이 한 장에 요약될 수 없는 것은 충분히 숙고된 것도 아니고 따라서 결정을 내릴 때가 된 것도 아니다." 아이젠하워의 주장이다. "무엇을 쓰든 짧게 써라. 그러면 읽힐 것이다. 명료하게 써라. 그러면 이해될 것이다. 그림같이 써라. 그러면 기억 속에 머물 것이다." 조셉 퓰리처의 말이다. 글을 쓰면 생각이 정리된다. 지나치게 긴 글은 생각이 정리되지 않았다는 것을 의미한다. 글을 쓰기 전에 머릿속을 오고 가던 수많은 생각은 글쓰기 과정을 통해 걸러지고 버려지고 압축되어 수정처럼$_{crystal\ clear}$ 맑아진다. 글쓰기는 그 사람의 실력을 종합적으로 판단하는 가장 좋은 수단이다.

글을 쓰면 생각이 정리되고 새로워진다

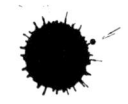

문제학생 뒤에는 문제부모가 있다. 내가 가진 믿음 중 하나다. 오랫동안 학원을 자문하면서 그 믿음은 더 강해졌다. 근데 문제부모들은 자신에게 문제가 있다는 생각을 절대 하지 않는다. 모든 문제 원인을 학교 혹은 선생에게 돌린다. 난 그런 문제부모에게 '자녀교육과 부모 역할'이란 주제로 글을 쓰게 하고 싶은 충동을 느낀다. 학교나 학원을 보낼 때 자기소개서 비슷하게 글을 쓰게 하고 내용이 부실하면 불이익을 받게끔 하는 것이다. 목적은 명확하다. 자녀교육의 1차 책임은 본인에게 있다는 걸 인식시키고 학교에 맡긴 이상 선생에게 자녀교육에 대해 일임하라는 것이다. 무엇보다 글을 쓰게 하는 이유는 막연한 자기 생각을 분명하게 정리하는 것이다. 사실 모든 사람이 교육에 대해서는 한마디씩하고 나름의 철학을 갖고 있지만 나부터 명확하지 않다. 교육은 이래야 한다느니 저래서는 안 된다는 말은 많이 하지만 그 생각이란 것이 어설퍼서 글을 쓰면서 교육에 대한 자기 생각을 정리해보라는 것이다.

글쓰기란 무엇일까? 글쓰기의 가장 중요한 역할은 무엇일까? 바로 생각 정리이다. 흩어졌던 생각을 정리하는 것이 글쓰기다. 생각이란 무엇일까? 이 생각 저 생각 오만가지 생각하는 것이 생각하기일까? 하루에도 높은 탑을 쌓았다 부쉈다 하는 것이 생각하기일까? 이 생각도 옳은 것 같고 저 생각도 일리 있는 것 같은 게 생각하기일까? 도대체 내 생각이란 것이 무엇이고 그 생각을 어디 가서 찾아야 할까? 대부분 우리가 하는 생각은 생각이 아니다. 잡념일 가능성이 높다. 어떻게 해야 복잡한 내 생각을 정리해 진정으로 생각하는 사람이 될 수 있을까?

최선의 방법 중 하나는 생각을 글로 옮기는 것이다. 막연한 생각을 글자로 바꾸는 것이다. 그럼 어떤 일이 벌어질까? 그 과정에서 무얼 느낄 수 있을까? 글을 쓸 수는 있을까? 일단 글쓰기가 어렵다는 걸 느낄 수 있다. 글을 쓴 다음에는 어떤 생각을 할까? 그 글을 읽은 본인은 자기 글에 만족할까? 남들에게 이건 내가 쓴 글이라며 자신 있게 보여줄 수 있을까? 그런 사람이 몇이나 될까? 사람들은 글을 쓰지 못한다. 마음에 드는 글을 쓸 수 있는 사람은 소수일 것이다.

근데 그 과정에서 생각이 정리됐다고 느낀 사람은 제법 있을 것이다. 아직 자기 생각이 어설프고 정리되지 않았다는 고백을 들을 수 있을 것이다. 생각을 정리하는 최선의 방법은 바로 글을 쓰는 것이다. 글로 생각을 옮기면 생각을 정리할 수 있다. 생각이 정리된 후 글을 쓰는 것이 아니라 글을 쓰면서 생각을 정리하란 것이다. 머릿속에서 왔다 갔다 하는 생각을 활자로 옮기면 많은 걸 배우고 느낄 수 있다. 만약 글이 잘 써지지 않으면 생각이 무르익지 않았거나 생각하는 능력이 떨어졌다는 것이다.

난 생각이 복잡할 때 글을 쓴다. 글을 쓰면 복잡한 생각이 정리된다. 나 자신이 갈고 다듬어지는 것을 느낄 수 있다. 글을 써야 생각이 명료해진다. 글을 쓰다 보면 아이디어가 튀어나온다. 글을 쓰면 생각지도 못했던 생각이 튀어나온다. 내 안에 이런 끝내주는 아이디어가 있다는 사실에 나 자신이 놀라는 경우도 있다. 글쓰기는 사고능력을 키워준다. 글쓰기는 단순히 생각이나 지식을 전달하기 위한 도구가 아니다. 글쓰기가 중요한 이유는 글쓰기가 생각을 정리하고 생각을 만들어내고 논리적인 사람으로 변화시키기 때문이다.

"개념을 글로 표현하는 건 창에 서린 성에를 닦아내는 작업과 비슷하다. 흐릿하고 모호했던 개념이 글을 쓰면서 서서히 윤곽을 드러내기 시작한다. 어떤 글이든, 메모든, 편지든, 베이비시터에게 전하는 쪽지든 무언가를 쓰면서 우리는 비로소 진정으로 자신이 무엇을 말하고자 하는지 깨닫는다." 윌리엄 진서의 말이다.

글을 쓰면 핵심을 요약할 수 있다

연구소에서 근무하다 도장 공장으로 발령을 받은 내게 떨어진 첫 번째 미션은 '도장공장 직행률 올리기'였다. 30%가 넘는 불량률 때문에 영업에 지장을 가져오는 것은 물론이고 조립 차체 프레스 등 관련 공장에도 막대한 지장을 주고 있었기 때문이다. 공장에 관해 별 경험이 없던 나는 상사의 배려로 전 세계의 일류 도장공장을 견학할 기회가 생겼다. 스페인을 비롯한 유럽, 미국, 일본의 공장을 두루 보고 불량률을 줄일 수 있는 아이디어를 내야 하는 출장이다. 2주 넘게 출장을 다녀온 나는 어떻게 출장 보고서를 쓰고 보고할 것인가 고민했다. 우선 다른 사람들이 쓴 것을 보았는데 일기 형식으로 쓴 것부터 시작해서 기행문 식으로 쓴 것까지 내용과 형식이 천차만별이었는데 별 도움이 되질 않았다. 할 수 없이 내 생각대로 출장보고서를 썼는데 사장님으로부터 극찬을 받았다. 그때 칭찬을 받았던 이유는 단 한 가지다. 내용 자체는 방대했지만 상사에게는 '향후 대책 관련Future Plan' 부분만 올리고 나머지는 첨부로 올렸기 때문이다. 길고 지루한 보고서에 질렸던 상사는 한 장짜리 요약본을 보고 기뻐했다.

컨설팅 회사에서 올린 두툼한 보고서, 합작을 위한 제안서, 신사업을 위한 품의서, 출장 보고서 등의 공통점이 무엇일까? 아무도 읽지 않는다는 것이다. 실무자는 그것을 만들기 위해 몇 날 밤을 지새웠을지 몰라도 그것을 읽고 의사결정할 책임자는 두꺼운 제안서를 볼 시간이 없기 때문이다. 사업계획 등을 보고할 때 보고를 받는 상사가 가장 먼저 보는 것은 무엇일까? 내용의 적극성과 참신성과 말하는 사람의 태도……? 아니다. 보고서 두께이다. 상사는 당신이 준비한 두툼한 보고서를 보는 순간 질려버린다. 내용을 보기도 전에 그 생각부터 한다. 그런 의미에서 짧게 요약된 한 장짜리 보고서의 중요성은 아무리 강조해도 지나치지 않다. 이를 위해 필요한 것을 살펴보자.

첫째, 철저한 준비다. 짧은 글을 쓰는 것이 긴 글을 쓰는 것보다 훨씬 어렵다. 그런 의미에서 시가 가장 쓰기 어렵다. 제안서도 마찬가지다. 짧게 요약하기 위해서는 철저한 준비와 소화과정이 중요하다. 완벽한 소화과정 없이 짧은 제안서를 만드는 것은 불가능하다.

둘째, 걸러내고 축소하고 압축하는 과정이 필요하다. 우리가 사용하는 말이나 글에는 군더더기가 너무 많다. "앞에서도 설명했지만, 다들 알고 계시겠지만, 보충해서 설명드리자면" 등등의 곁말은 없애야 한다. 흥미롭지만 불필요한 사실도 제거해야 한다. 사람은 자신의 지식을 알리고자 하는 욕구가 있다. 내용과 관계는 적지만 이를 드러내고 싶어한다. 힘들지만 그런 욕구를 자제해야 한다. 뻔한 사실은 빼는 것이 좋다. 보고받는 사람들은 대개 그 방면에 일정 수준의 지식을 갖춘 경우가 많다. 그런 사람들 앞에서 뻔한 얘기를 하는 것은 긴장감을 없앨 위험이 있다. 그들이 모를 만한 사실, 주위를 집중시킬 수 있는 사건만을 정제하여 집어넣어야 한다. 수정처럼 명확한 말로 다듬어야 한다.

셋째, 대상자를 생각하고 스토리 라인을 만들어야 한다. 대상자가 누구냐에 따라 얘기는 달라진다. 대상자와 눈높이를 맞추어 언어terminology를 고르고 얘기를 전개해야 한다. 어떤 순서로 얘기할지 생각해야 한다. 결론부터 얘기할 수도 있고 기승전결로 풀어갈 수도 있고 앞부분에 놀라운 사실을 제시할 수도 있다.

어떤 경우든 전체 내용이 어떤 형태로 구성되어 있다는 것을 알리는 것이 필요하다.

넷째, 요구사항을 분명히 해야 한다. 보고서나 제안서는 무언가를 얻어내기 위한 수단이다. "열심히 일했으니 칭찬을 해달라는 얘긴지, 이런 사실을 알고나 있으라는 건지, 보고했으니까 이제부터는 당신이 알아서 하라는 건지……." 주장하는 바가 무언지 불분명한 보고서는 최악의 보고서이다. "그래서$_{so\ what}$?"란 질문을 받았다면 당신은 실패한 것이다. 재정적인 뒷받침을 원하는 건지, 인력 지원을 해달라는 것인지, 장소를 빌려달라는 것인지를 분명히 해야 한다.

다섯째, 오자, 탈자, 데이터의 오류를 살펴보고 예상 질문을 생각해야 한다. 보고를 받고 의사 결정하는 사람은 늘 허점을 찾는다. 보고하는 사람을 테스트한다. 상대방이 데이터에 의문을 제기한다거나 오자나 탈자를 지적했다면 제안은 끝난 것이다. 그 외에도 제대로 알고는 있는 사람인지, 이런 프로젝트를 수행할 자격은 되는지, 경험과 지식은 충분한지를 끊임없이 살핀다. 역지사지의 생각으로 예상 질문을 만들어보고 준비하는 것이 필요하다.

말하기는 생각정리의 첫째 단계이다. 글쓰기는 두 번째 단계이다. 한 장짜리 요약은 생각정리의 마지막 단계이다. 명확하게 정리된 생각은 상대를 설득시킬 수 있는 필수과정이다.

글을 쓰면 아이디어가 떠오른다

생각이란 무엇일까? 혼자 이 생각하고 저 생각하는 게 생각일까? 잠은 오지 않고 여러 상념이 왔다 갔다 하는 게 생각일까? 이 일을 어떻게 할까 걱정이 되어 밤새 성을 쌓았다가 허물고 또 쌓고 하는 게 생각일까? 생각하는 것 같지만 생각이 아니다. 생각에는 결과가 있어야 한다. 혼자 끙끙댄 결과물이 뭔가? 어떤 변화가 일어났는가? 아무것도 없다. 뭔가 했다고 생각하지만 사실 시간만 축내고 컨디션만 나빠진 것이다. 이게 과연 생각일까? 생각을 했다고 생각하지만 사실 잡념 속에 빠져 시간을 낭비한 건 아닐까? 내가 생각하는 생각의 한자는 生覺이다. 날 생(生) 플러스 깨달을 각(覺)이다. 생각은 살아 있는 존재가 깨닫는 과정이다. 생각은 깨달음이란 결과물이 있어야 한다. 생각이 생각으로 그치고 아웃풋이 없다면 그건 생산적인 생각이 아니다. 생각을 효과적으로 할 수 있어야 한다. 생각의 결과물이 있어야 하고 행동으로 옮겨야 하고 삶에 도움이 되어야 한다. 물론 이 한자는 내가 만든 것이고 별다른 학문적 근거는 없다. 나만의 개똥철학이다.

생각을 잘하기 위해서는 생각을 글로 옮길 수 있어야 한다. 글을 쓰면 생각이 명료해진다. 그런 면에서 글쓰기는 생각하기이다. 생각하기는 곧 글쓰기다. 글을 쓰지 않으면 제대로 생각하기 어렵다. 내가 생각하는 가장 효과적인 생각 방법은 바로 글쓰기다. 머릿속에서만 뱅뱅 도는 건 걸 글로 옮기면 훨씬 효과적으로 생각할 수 있다. 내가 생각하는 글쓰기는 생각하기이다. 글쓰기는 생각을 정리한다. 엉킨 생각을 명료하게 정리해준다. 내가 생각하는 글쓰기는 생각 만들기이다. 글을 쓰면 새로운 생각이 번쩍 떠오른다. 당신 생각이 옳은지 검증하는 것도 글쓰기다. 당신 생각이 그렇게 끝내준다면 글로 옮겨 사람들에게 보여줘라. 당신 글을 읽고 사람들이 동의하면 당신 생각이 검증된 것이다. 그렇기 때문에 머릿속에서 혼자만 하는 건 생각이 아니다. 그걸 말로 옮기고 글로 표현할 수 있어야 한다. 그게 진정한 생각이다. 글쓰기는 생각하기이다. 생각의 정리다. 글을 쓰면 생각하게 되고 생각하는 게 있으면 글을 쓰면 된다. 글을 쓰면 생각의 품질이 올라간다. 글을 쓰면 생각이 형상화되고 구체화된다. 그런 면에서 워드프로세서는 생각의 가장 중요한 도구이다.

전자제품 시장의 혁신아 발뮤다의 사장 데라오 겐은 비슷한 생각을 하는 사람이다. 그는 글의 중요성을 강조하는데 이런 말을 한다. "전 텍스트에 예민한 편입니다. 시인을 꿈꿔 시를 많이 썼어요. 음악 활동을 하면서 작사도 많이 했습니다. 글이 왜 중요할까요? 언어는 이 세상 모든 인공물의 원천입니다. 언어가 없으면 생각할 수 없으니 모든 발명품은 언어에서 출발했다고 봅니다. 직원들에게 우리 일의 핵심은 언어다. 글을 쓰면서 생각하라는 말을 자주 합니다." 그는 이미 글쓰기가 생각의 수단이란 걸 체감한 사람이다. 와이어드의 창업자 케빌 켈리도 비슷한 주장을 한다. "나는 생각하기 위해 글을 쓴다. 글을 쓰다 보면 아이디어가 나온다. 아이디어에서 글이 출발한다고 생각하지만 그렇지 않다. 처음 글을 쓰기 시작하면 아무 생각도 나지 않는다. 하지만 글을 쓰기 시작하면 생각이 나온다."

글은 아이디어를 낚아채는 최고의 방법이다. 순간적으로 떠오른 생각을 낚시하듯 잡아채야 한다. 생각은 문득 떠오른다. 아무 이유 없이 어느 순간 떠올랐다가 이내 사라진다. 멋진 아이디어,

끝내주는 생각도 그렇다. 왜 이 순간에 이 생각이 떠오르는지는 나도 모른다. 그냥 생각이 났다가 이내 사라진다. 그걸 글로 잡아두어야 한다. 글을 쓰기 어려우면 메모라도 해야 한다. 그렇지 않으면 끝내주는 생각은 안개처럼 사라지고 남는 건 조금 전 끝내주는 생각이 났다는 사실뿐이다. 글쓰기는 그런 생각을 잡아채는 최고의 도구다. 글을 쓰지 않는다는 건 자신의 끝내주는 아이디어를 하수구로 흘려보내는 것이다. 글은 아이디어를 보이게 하는 가장 효과적인 방법의 하나다.

  글을 쓰면 생각이 명료해진다. 머릿속 생각은 늘 모호하다. 자신도 무슨 생각을 하는지 잘 이해하지 못한다. 말로 표현하면 조금 더 그림이 잘 그려진다. 이를 글로 쓰면 생각이 훨씬 명확해진다. 그런 면에서 글쓰기는 생각의 초점을 명료하게 하는 일이다. 눈이 나쁘면 모든 것이 흐릿하게 보이고 안경을 쓰면 흐릿한 사물이 잘 보인다. 글은 생각에 안경을 씌우는 일이다. 흐릿했던 생각의 초점을 맞추는 일이다. 흐릿했던 생각을 명료하게 하는 일이다.

글을 쓰면 새롭게 거듭날 수 있다

　글쓰기 가장 좋은 때는 언제일까? 열 받을 때다. 억울하고 분한 일이 많을 때다. 가슴이 답답하고 터질 것 같을 때가 글쓰기 가장 좋은 때다. 그렇다면 글쓰기 적합하지 않은 때는 언제일까? 일이 술술 풀리고 아무 걱정 없는 태평성대를 누릴 때다. 그때는 절대 글을 쓸 수 없다. 여러분은 현재 어떤가? 세상만사가 마음에 들고 눈에 거슬리는 게 별로 없는가? 그렇다면 글 쓸 생각은 접고 인생을 즐겨라. 세상이 마음에 들지 않고 가슴이 답답하고 뭔가 하고 싶은 얘기가 많은가? 그래서 사람들만 만나면 비분강개하면서 자기 얘기를 쏟아놓는가? 만나는 사람마다 비슷한 얘길 털어놓는가? 혹시 그래서 사람들이 당신 만나는 걸 슬슬 피하는가? 그렇다면 사람들에게 말하는 대신 말하고 싶은 걸 글로 옮겨라. 지금이 바로 글을 쓸 때다.

1997년은 내게 중요한 해다. 그 해 난 대기업 임원을 그만뒀다. 유학 생활을 끝내고 이 회사에 취직한 지 8년째 되던 해다. 그 해 난 가장 많은 글을 썼다. 그만큼 일이 많고 정신적으로 힘들었기 때문이다. 그 해 4월부터 8월까지 난 미시간대학교에서 그룹 임원들과 단체로 미니 MBA 과정을 받았다. 정말 꿈 같은 시간이었다. 현업을 떠나 4개월간 아름다운 미시간 앤아버에서 오전 9시부터 오후 4시까지 공부를 했다. 쟁쟁한 교수들의 강의를 들으며 나 자신이 성장하고 있다는 걸 느꼈다. 주말에는 골프도 치고 가족들을 불러 여행도 즐겼다. 공부가 끝나고 얼마 지나지 않아 난 사표를 써야 했다. 이유를 물어보니 연수 중 골프 친 것이 문제가 됐다는 것이다. 이게 뭔 말? 같이 공부한 동기들에게 물어보니 연수 중 골프 친 게 회장님 귀에 들어갔고 조사 결과 과장된 보고가 올라가 징계조치를 내렸다는 것이다.

결과는 이랬다. 몹시 친 자는 해고, 조금 친 자는 1년 간 감봉, 안 친자는 무죄인데 대부분은 나처럼 몹시 친 자에 해당했다. 21세기에 있을 수 없는 코미디 같은 일이었다. 알아보니 대부분 사표를 썼지만 회사는 계속 다녔다. 경고 차원에서 한 조치이고 회장님 마음이 풀릴 때까지 몸가짐을 조심하며 근무하란 것이다. 난 그것도 마음에 들지 않았다. 이런 대접을 받으며 일을 계속할 이유가 없었다. 연말까지도 문제는 해결되지 않았고 난 결국 회사를 떠나기로 결심했다. 그렇지 않아도 회사생활에 불만이 많았는데 이런 일까지 겪고 나니 더 이상 있고 싶지 않았다.

그즈음 외환위기가 터졌다. 엎친 데 덮친 격이다. 월급은 안 들어오지, 재취업은 안 되지, 신문에서는 연일 우울한 소식뿐이지, 정말 어디에도 희망은 없어 보였다. 한 번은 동네 놀이터에서 목을 매 자살한 사람까지 목격했다. 난 그때 가장 많은 글을 썼다. 하루에 서너 편은 거뜬했다. 도대체 이게 뭔가? 어쩌다 일이 이 지경이 됐는가? 경영이란 무언가? 임원을 키우는 데 얼마나 큰 비용과 시간이 들어가는데 골프를 쳤다는 이유로 자르는 게 말이 되는가? 여길 보나 저길 살피나 정말 마음에 드는 구석이 하나도 없었지만 그게 다 글감이 되었다.

말은 혼자 할 수 없다. 누군가 들어줘야 한다. 들어줄 사람이 없는데 혼잣말을 하는 사람은 정상이 아니다. 글은 다르다. 글은 혼자 쓸 수 있다. 들어주는 사람이 없어도 상관없다. 하고 싶은 말을 실컷 하면 가슴이 시원하듯 글에 자기 생각을 털어놓고 나면 후련한 기분이 든다. 뭔가 정화된 느낌이다. 생각이 정리되는 느낌이다. 말이 쉽지 대기업 임원 자리를 털고 나온다는 건 결코 쉬운 일이 아니다. 억울하고 분했다. 일 때문이 아닌 골프 때문에 회사를 나온 것이 말이 되느냐고 따지고 싶었다. 힘이 들 때 사람들은 자기 얘기를 들어줄 사람을 찾아 하소연한다. 하지만 하소연은 한두 번에 그쳐야 한다. 좋은 얘기도 한두 번이지 만날 때마다 징징대는 소리 듣는 걸 좋아할 사람은 없다.

그때 자기 얘기를 털어놓는 최선의 방법이 바로 글쓰기다. 글에는 온갖 얘기를 다 쓸 수 있다. 아무리 오랫동안 하소연을 해도 글은 다 들어준다. 또 글을 쓰면서 카타르시스도 경험할 수 있다. 글쓰기는 창조적 배설이다. 남에게 쏟아내면 기피인물이 되지만 글에다 털어놓으면 저자가 될 확률이 높다. 가장 힘이 드는 그때 난 글을 쓰면서 카타르시스를 경험했다. 내 생각이 정리되고 그 과정을 통해 성장했다. 사는 게 힘이 드는가? 세상이 정말 맘에 들지 않는가? 억울하고 분한가? 그때가 바로 글을 쓸 때이다. 글쓰기는 구원이다. 글쓰기를 통해 우리는 거듭날 수 있다.

글을 쓰면 자기수련과 공부가 된다

　내 친구 정수는 시멘트 전문가고 관련 회사 최고임원이다. 화공학 박사지만 최근에는 코칭 관련으로 석사를 했고 지금은 리더십 관련으로 박사과정을 밟고 있다. 공부하는 걸 정말 좋아한다. 원래도 공부를 싫어하진 않았고 잘했지만 지금처럼 열심히 눈을 반짝이며 한 것 같지는 않다. 겉으로는 지도교수가 일주일에 영어로 된 논문을 너무 많이 줘서 읽는 게 힘들어 죽겠다고 하는데 난 힘들어 죽겠다는 말이 좋아 죽겠다는 말로 들린다. 이를 보면 세상에서 제일 재미있는 일 중 하나는 공부란 생각이다. 특히 밥벌이와 상관없이 정말 자신이 하고 싶어하는 공부를 하는 즐거움은 그 무엇과도 비교할 수 없다. 나도 그렇고 정수도 그렇고 내 주변에 나이 들어 공부하는 즐거움을 만끽하는 사람들이 제법 많다.

　나이 들어 공부한다고 하면 보통 대학원에 들어가 더 공부하는 걸 생각한다. 아니면 문화센터 같은 곳에서 외국어를 공부하거나 취미로 새로운 걸 배우는 걸 생각한다. 난 석박사 못지않게 좋은 공부 방법을 알고 있다. 아니, 석박사 공부보다 더 재미있고 효과적인 공부 방법이 있다. 바로 관심 분야를 정해 글을 쓰고 이를 엮어 책으로 만드는 것이다. 그래서 내가 석박사 과정에 있는 사람들에게 꼭 하는 얘기가 있다. "논문은 논문대로 쓰고 동시에 논문을 일반인 버전 책으로 쓰라"는 것이다. 내 경험상 석박사는 별로 재미없었다. 억지로 듣는 과목도 많았고 논문도 내가 좋아하는 것보다는 학위 따기에 적합한 주제를 선정하는 경우도 많았다. 무엇보다 논문이 재미있는 경우도 거의 없다. 재미있어 죽겠다는 논문에 대해서는 들어본 적이 없다. 당연히 일반인들은 잘 읽지 않는다. 나 역시 가끔 논문을 선물로 받지만 제대로 읽은 적이 없다. 어떤 면에서 논문은 선수들만을 위한 글이다. 자기들끼리의 리그다. 나름 가치는 있지만 가치 확산을 위해서는 일반인 버전의 책을 만들면 효과적이다. 보통 사람들 눈높이에 맞춰 다시 쓰면 좋다. 그럼 일반인들도 읽고 배우고 동의할 수 있다.

  난 한국 학생이 미국 학생보다 뒤떨어지지 않는다고 생각한다. 오히려 우수한 사람이 많다. 근데 시간이 지나면서 그들에게 밀린다. 학교 교육 때문이고 그중 하나가 글쓰기 때문이다. 한국 대학은 글쓰기에 무심하다. 별로 신경을 쓰지 않는다. 한국에서 공부를 잘한다는 것의 정의는 "교수의 말을 열심히 듣고 잘 기억해 시험 때 좋은 점수를 받는 것이다." 새로운 생각, 논리적 정연함은 별로 상관이 없다. 미국 대학은 다르다. 특히 아이비리그 대학은 글쓰기에 목숨을 건다. 입학할 때도 에세이가 결정적 역할을 하고 들어간 후에도 마찬가지다. 성적이 좋은 한국 학생은 글쓰기 때문에 애를 먹는다. 글쓰기 때문에 낙제하고 중도에 그만둔다는 얘기를 들었다.

  근데 왜 그들은 글쓰기에 그렇게 목숨을 걸까? 글쓰기가 최고의 공부 방법이기 때문이다. 글쓰기가 지식의 최고 정점이기 때문이다. 당연히 그가 쓴 글을 보면 현재 그의 상태를 알 수 있다. 지식이 얼마나 있는지, 어떤 생각을 하고 있는지, 그 생각을 논리적으로 설명할 수 있는지, 설득력이 있는지 없는지 등등……. 극단적으로 말해 글을 쓰지 못한다는 건 어떤 의미일까? 지식이 없다, 별생각이 없다, 있는 생각마저 논리적으로 설명할 수 없다,

남을 설득하긴커녕 자신도 설명할 수 없다는 뜻 아닐까?

하버드 대학교는 왜 글쓰기 교육에 올인하는가? 교육 대학원 리처드 라이트 교수는 이렇게 설명한다. "하버드생들이 4년 동안 가장 신경 쓰는 분야는 바로 글쓰기다. 자기 생각을 글로 표현할 줄 아는 능력은 대학생활은 물론 직장에서도 가장 중요한 성공 요인이다. 쉽지 않다. 논리를 전개하는 방법, 근거 자료를 종합하고 인용하는 방법, 표절을 피하는 방법, 문장이나 단락을 명료하게 표현하는 방법, 문체론 등을 배운다. 글쓰기 테크닉만 가르치는 게 아니라 사고의 전개과정을 가르친다. 글쓰기와 사고력은 밀접한 관련이 있다. 훌륭한 사고력은 훌륭한 글쓰기를 필요로 한다." 결론은 이렇다. 글을 쓴다는 건 그냥 글을 쓰는 것 이상이다. 글을 써야 사고력을 키울 수 있고 글을 써야 생각하는 힘이 길러진다는 것이다. 이는 과학자에게도 해당한다. 1996년 노벨상을 받은 피터 도허티 멜버른대학교 교수는 이렇게 말한다. "과학을 연구하려면 글을 쓸 줄 알아야 한다. 과학자가 글을 잘 쓰지 못하면 연구결과를 설명할 수 없다. 글을 잘 쓰는 사람은 생각도 명확하게 한다. 그래서 연구를 잘하게 된다."

공부를 잘하고 싶은가? 그럼 글을 쓰면 된다. 송숙희가 쓴 『공부습관을 잡아주는 글쓰기』는 그런 생각을 총 집합한 책이다. 내용은 심플하다. 쓰면서 공부하라는 것이다. 읽은 내용과 공부한 내용을 자기 언어로 새로이 쓰면 기억에 훨씬 더 오래 남는다는 것이다. 그래서 미국 교육의 핵심은 쓰면서 배우는 것이다. 일본에서도 그건 입증됐다. 2007년 일본에서 43년 만에 실시한 전국학력평가에서 도쿄와 오사카 등의 내로라하는 대도시들을 누르고 시골 마을인 아키타 현이 1위를 차지했다. 아키타 현에 1위의 영예를 안겨준 주인공은 산골마을 히가시나루세 촌의 초등학교였다. 전체 인구 2,700여 명뿐인 작은 마을의 유일한 초등학교의 학원도 다니지 않은 아이들이 전국 1위라는 위업을 이룬 비결은 배운 내용을 쓰면서 복습하는 '가정학습공책'이었다.

그녀가 얘기하는 글을 쓴다는 건 어떤 의미일까? 글을 쓴다는 것은 배운 내용을 머릿속에서 정리해 자기 언어로 표현하는 과정이다. 어떤 내용을 자기 언어로 표현할 수 있다는 것은 그 내용을 충분히 이해하고 납득했다는 증거다. 그렇기에 글쓰기가 최고의 공부법이 될 수밖에 없다. 공부를 잘하고 싶은가? 그럼 글을 써라. 공부 잘하는 자식으로 키우고 싶은가? 그럼 글을 쓰게 하라. 무식하고 말 안 통하는 정치인을 걸러내고 싶은가? 그럼 그들에게 직접 글을 쓰게 하고 이를 투표과정에 반영하게 하라. 글쓰기는 최고의 공부법이다.

글을 쓰면 자기 자신을 극복하게 된다

오랜만에 사람을 만나면 나도 모르게 몇 가지 생각을 하게 된다. 첫인상으로 먼저 판단한다. '많이 늙었네, 살이 너무 찐 것 아니야, 예뻐졌는데, 뭔가 얼굴에서 광채가 나는데.' 같은 것들이다. 다음은 얘기를 나누면서 생각한다. '말하는 것이 달라졌네, 뭔가 성숙해졌어, 어떻게 저런 생각을 하지란 긍정적인 판단을 하는 경우도 있지만 저 사람은 늘 저렇게 불평불만으로 가득 찼군, 예나 지금이나 메뉴가 한 가지네.' 같은 생각도 한다. 난 사람들에게 어떤 인상을 줄까? 어떻게 하면 계속해서 성장하고 변화할 수 있을까? 내가 생각하는 최선의 방법은 독서와 글쓰기다. 결론은 간단하다. 계속해서 다양한 종류의 책을 읽고 글을 쓰면 성장하지만, 읽지도 않고 쓰지도 않으면 정체한다는 것이다.

난 20년째 책 소개를 하고 글쓰는 일을 한다. 나와 비슷한 직업을 가진 사람 중 한 명이 국민대학교 고현숙 교수다. 처음 내가 그녀를 본 인상은 공부 잘하는 약간 촌스런 사람이었다. 20년의 세월이 지난 지금 그녀는 코칭계의 구루로 성장했다. 균형이 잘 잡힌 지성인의 표본이다. '시간이 지날수록 사람은 저렇게 성장할 수 있구나.' 속으로 감탄하게 된다. 아는 사람도 많고 아는 것도 많아 그녀와의 대화는 늘 신선하고 즐겁다. 무엇이 그녀를 변화시켰을까? 교수라는 직업 때문에 계속해서 공부하기 때문일 것이다. 또 하나 많은 책을 소개하고 글을 쓰는 직업이 기여했을 것이다. 코치로서 내로라하는 한국 최고의 경영자를 만나는 것도 영향을 주었을 것이다. 난 그녀를 볼 때마다 괄목상대란 말이 떠오른다.

여러분은 자신의 발전을 위해 무엇을 하고 있는가? 그런 행동이 변화를 가져오는 것 같은가? 대부분의 사람들은 책도 읽지 않고 글도 쓰지 않고 별다른 지적 자극 없이 평생을 산다. 또 그렇게 산다고 갑자기 무슨 일이 생기는 건 아니다. 머리에 종양이 생기거나 '이 사람 근처에는 접근하지 마세요. 전두엽에 문제가 있어 예상치 못한 행동을 할 수 있습니다.'란 경고표시가 뜨는 것도 아니다. 하지만 오랫동안 분서갱유를 한 사람이 남들보다 나은 삶을 살기는 쉽지 않다. 사람은 누구나 발전 욕구가 있다. 성장하고 싶어한다. 전문가 소리를 들으면서 충만한 삶을 살고 싶어한다. 그런 사람은 필수적으로 글을 써야 한다. 그래야 인생에서 승리할 수 있다. 나와 비슷한 생각을 하는 사람은 얼마든지 있다.

그런 사람에게 『타이탄의 도구들』이란 책을 추천한다. 성공한 사람들의 습관만을 모아놓은 책이다. 그들은 각자 나름의 습관을 갖고 있는데 인상적인 대목 중 하나는 일어나자마자 이부자리를 정리하는 습관이다. 일찍 자고 일찍 일어나고 운동하고 메모하고 등등 다양한 습관이 있는데 가장 많은 습관은 바로 글쓰기 습관이다. 그중 매트 뮬렌웨그란 사람이 한 말을 옮긴다. "글 쓰는 사람이 승리한다. 나의 채용기준은 글을 명확하게 쓸 줄 아는 것이다. 글의 명확성이 곧 사고의 명확성이다. 디지털 시대가 발전할수록 글을 잘 쓰는 사람이 기회를 잡을 것이다. 성공한 사람은 말하기와 글쓰기에 탁월성을 갖춘 사람이다. 글을 쓸 때 단어선택, 어순, 어휘, 문법에 많은 관심을 집중한다. 이렇게 바쁜 시대에 언제 다 만나고 얘기를 하고 듣는가? 글로 사람들 마음을 설득하고 사로잡고 변화시키는 시대가 왔다. 글을 잘 쓰는 사람이 미래를 얻게 될 것이다." 결론은 명확하다. 글 쓰는 사람이 승리한다는 것이다.

그가 누군지 유명하지 않아 호소력이 떨어진다고? 그럼 니체가 한 말을 옮긴다. 그는 『인간적인 너무나 인간적인』에서 이런 얘기를 한다. "책을 쓴다는 것은 무엇을 가르치기 위함이 아니다. 독자보다 우위에 있음을 과시하기 위함도 아니다. 책을 쓴다는 것은 무언가를 통해 자기를 극복했다는 일종의 증거다. 낡은 자기를 뛰어넘어 새로운 인간으로 탈피했다는 증거다. 나아가 같은 인간으로서 자기 극복을 이룬 본보기를 제시함으로써 누군가를 격려하고자 함이요, 겸허히 독자의 인생에 보탬이 되려는 봉사이기도 하다." 책을 쓰면 환골탈태를 할 수 있다는 것이다. 과거의 껍질을 벗고 새로운 나를 만드는 것이 책 쓰기란 것이다.

내가 좋아했던 구본형 소장은 책 쓰기에 대해 이렇게 말한다. "난 내가 고민했던 문제, 해결하려 했던 문제를 책으로 쓴다. 내가 40대에 한 일들은 나 자신을 구하기 위한 발버둥이었다. 그 과정에서 내가 변해야 하고 내가 나를 이해해야 한다는 교훈을 책으로 썼다." 그는 자신을 구하기 위해, 자신을 변화시키기 위해 책을 쓴 것이다.

성장하기 원하는가? 지금의 내가 아닌 한 단계 올라선 여러분이 되길 원하는가? 여러 문제로 머리가 아픈가? 당신을 증명하고 싶은가? 유능한 사람이 되고 싶은가? 여러분 업계에서 지존의 소리를 듣고 싶은가? 책을 써라. 책으로 성장하고 책으로 여러분을 증명하라.

글을 쓰면 객관화해서 보게 한다

생각이란 무엇일까? 생각해야지 결심한다고 생각이 떠오르지 않는다. 생각은 문득 떠오른다. 우리 의도와는 별개도 논다. 우리는 왜 이 생각이 이때 갑자기 떠오르는지 모른다. 문득聞得은 한글이 아닌 한자다. 들을 문聞 플러스 얻을 득得이다. 보고 듣고 읽었던 것들이 무의식 속에 머물다 어느 순간 빠져나온다는 걸로 난 해석한다. 인풋이 있어야 아웃풋이 있듯 생각의 원재료가 있어야 생각할 수 있다는 것이다. 만약 인풋이 없다면 생각할 수 있을까? 읽고 공부하지 않으면 제대로 된 생각을 할 수 있을까? 본능적인 것 외에는 아무것도 생각할 수 없을지 모른다. 생각은 절대 공짜가 아니다.

좋은 생각을 위해서는 좋은 생각의 원재료가 필요하다. 어떤 원재료가 필요할까? 특정 주제나 고민거리, 이를 위한 원재료 등이 머릿속에서 반응하면서 생각이 만들어질 것이다. 머릿속에서 먼저 생각이 일어나고 다음은 말로 하면서 정리한다. 말을 하다 보면 복잡했던 머리가 정리되는데 마지막은 글이다. 글로 최종 마무리를 하는 것이다. 당신 생각은 어떤가? 대부분 사람에게 생각의 종점은 말이다. 그것도 나쁘진 않지만 말하기는 엄밀한 의미의 최종 단계는 아니다. 내 생각을 정확히 알기 위해서는 글쓰기란 필터링 단계를 거쳐야 한다. 그럼 내 생각을 수정처럼 정리할 수 있다. 그냥 살고 싶은 사람은 그거면 충분하다. 힘들게 글까지 쓸 필요는 없다. 하지만 지식근로자, 리더를 꿈꾸는 자, 전문가로 생계를 꾸리려는 자는 달라야 한다. 말도 중요하지만 자기 말을 글로 정리할 수 있어야 한다. 말과 글은 다르다. 둘 다 커뮤니케이션의 두 축이지만 의미가 다르다. 거기 관한 여러 사람의 생각을 정리해본다.

우선 법정의 생각이다. 그는 이렇게 얘기한다.

나는 많은 사람들 앞에서 말을 하는 게 싫다. 말을 하다 보면 나도 모르게 삼천포로 빠져버린다. 그날 모인 사람들 분위기에 따라 내가 하려던 말에서 엉뚱한 방향으로 가버린 경우가 많다. 하지만 글은 그렇지 않다. 그런 의미에서 날마다 일기 쓰는 일이 무엇보다 중요하다. 말이나 스치는 생각은 바로 어디론가 날아가 버리지만, 글로 정리해 쓰다 보면 새로운 생각이 떠오를 뿐 아니라 무엇보다 생각을 정리정돈 할 수 있다. 그렇게 보면 글쓰기는 나를 찾아가는 기도와 이어진다. 보다 넓은 사고를 키우기엔 시간이 짧다.

다양한 종류의 책을 쓴 공병호 소장의 생각은 이렇다.

글은 생각을 밖으로 끄집어낸다. 아이러니컬하게도 머릿속에 있던 생각과 밖으로 나온 생각의 모습과 느낌은 참 다르다. 그 당혹감은 녹음된 소리를 들을 때의 느낌과 비슷하다. 나는 쓴다, 고로 존재한다. 글로 써서 남기지 않은 삶은 죽음과 함께 망각의 늪으로 사라져버린다. 삶의 모든 경험을 기록으로 남겨라. 글쓰기는 멋진 지적 유희이며 어떤 취미보다 재미있다. 글쓰기를 즐기는 사람은 주변을 대충 바라보지 않는다. 글쓰기에 왕도는 없다. 얼마나 많이 써보느냐로 좌우된다. 책 쓰기에 인생의 모든 희로애락이 있다. 국회에 증인으로 출석했던 CEO가 자신이 했던 말을 정리된 기록으로 보고 매우 놀랐단다. 그의 말이다. '제가 이렇게 말을 엉터리로 하는 줄 몰랐어요. 말이 문법적으로 맞지 않고 횡설수설하는 느낌이 들었어요. 속기사가 제가 한 말을 토씨 한 자도 빼지 않고 적어놓은 것을 보면서 얼마나 엉성한지를 알았어요.' 말은 정확성이 떨어진다. 글은 말보다 정확하다. 글은 쓰면서 생각하고 고치면서 생각하기 때문에 마음이 정리되어 나온다. 말이 주관적이라면 글은 객관화의 과정을 거친다.

『일생에 한 권 책을 써라』의 저자 양병무는 이렇게 얘기한다.
말하기는 걷기와 비슷하고 쓰기는 달리기와 비슷하다. 훈련하지 않은 사람은 10킬로미터를 달릴 수 없다. 글쓰기도 그렇다. 연습하지 않으면 힘들다. 처음에는 질보다 양을 높이는 게 문장력을 기르는 지름길이다. 처음에는 길게 쓰고 이를 다시 줄였다. 길게 쓴 글을 줄이기가 쉽기 때문이다.

생각이 정리되어 있지 않으면 말을 잘하기 어렵다. 말을 잘한다는 건 생각이 정리되어야 가능하다. 하지만 말만으론 충분치 않다. 논리적이고 이성적인 글로 뒷받침할 때 서로의 생각을 명확히 알 수 있고 제대로 된 커뮤니케이션할 수 있다. 말과 글은 상호보완적이다. 말로 하는 게 효과적인 경우가 있고 글이 그럴 때도 있다. 대표적인 것이 사랑의 표현이다. 난 가족에게 생일이나 무슨 일이 있을 때 카드를 쓰기도 하고 받기도 한다. 대단한 내용이 있는 건 아니지만 그때의 짜릿한 느낌은 말로 하는 것과는 완전히 다르다. 야단 칠 일이 있을 때도 말보다는 글이 호소력이 있고 부작용도 적다. 말로 할 때는 나도 모르게 감정이 격해져 하지 않아도 될 말을 하고 나중에 후회한다. 글은 다르다. 글은 감정을 누그러뜨린다. 당연히 쓸데없는 말을 하지 않고 실수의 가능성도 줄어든다. 여러분은 어떤가?

글을 쓰면 외롭지 않고 충만해진다

 돌아가신 아버지는 50대 중반쯤 회사를 그만두고 주~욱 집에서 지내셨다. 사교적이지 않은 성격 탓에 친구도 많지 않았고 경로당도 가지 않으셨다. 이와 대조적으로 어머니는 사교적이고 친화력이 있어 늘 일이 많았다. 친구도 오라는 곳도 많았다. 두 분은 서로 인정하는 대신 상대를 못마땅해하셨다. 아버지는 늘 "허구한 날 어디를 그렇게 다니느냐? 제발 집에서 차분히 좀 있어라."라고 얘기했고 어머니는 "어떻게 남자가 그렇게 집에만 있느냐, 밖에 나가 바람도 쐬고 친구들 좀 만나라."라고 대꾸했다.
 그러다 가끔 내가 애들을 끌고 집에 가면 아버지는 "너희들이 오면 사람 사는 집 같다. 너무 좋구나. 자주 좀 와라." 하고 은

근히 자주 올 것을 종용하셨다. 언제 우리가 왔고 얼마 동안 우리가 안 왔는지를 카운팅하고 계셨다. 기쁜 마음으로 가지만 그런 얘기를 들으면 뒷골이 땡기고 나도 모르게 반발심이 생겨 속으로 이런 생각을 했다. '아니, 직장생활하면서 한창 일하고 애를 키우는 내가 어떻게 매주 부모님만 챙기는가? 두 분이 알아서 즐겁게 사시면 안 되나?'란 생각을 했고 내심 이런 결심을 했다. "이다음에 내가 아이들을 결혼시키면 난 절대 아이들이 오는 걸 기대하지 않겠다. 내 일을 갖고 열심히 일하겠다. 내가 그들을 기다리는 대신 그들이 오고 싶어하는 그런 집을 만들겠다." 세월이 많이 흘렀고 딸 둘을 다 결혼시킨 내가 아버지 입장이 되었다. 과연 지금의 나는 그렇게 되었는가? 맞다. 그렇게 됐다. 난 애들을 기다리지 않지만 애들은 거의 매주 우리 집에 온다. 손자도 맡겨야 하고 나름 집에 오는 게 딸들에게도 사위에게도 도움이 되기 때문인 것 같다.

왜 우리 아버지는 그렇게 오매불망 결혼한 자식들을 기다렸을까? 외로움 때문이다. 외로움을 달래줄 그 무엇이 필요했지만 그것을 찾지 못했다. 유일한 위로는 자식들과 손자들이 와서 당신과 놀아주는 것이었지만 바쁜 요즘 애들에게 그걸 기대할 수는 없었다. 나이가 들수록 외로움이 다가온다. 외로움은 가장 두려운 상대다. 아버지에게만 해당하는 건 아니다. 같은 아파트에 나이 드신 할머니가 산다. 몇 년 전 남편을 떠나 보내고 큰 아파트에 혼자 사신다. 성질이 사나워 경비아저씨들도 쩔쩔맨다. 의무감에서 가끔 자식들도 오긴 하지만 자식들도 다들 두려워하는 것 같다. 요즘 들어 부쩍 기력이 약해진 할머니는 우리 가족만 보면 반색을 한다. 만나기만 하면 여러 질문을 하면서 얘기하길 원한다. 며칠 전에는 말 상대를 해드렸더니 우리 집 앞까지 오셔서 말을 건네는 바람에 당황했다. 얼마나 외로우면 생판 남인 내게 저렇게 매달릴까? 어떻게 하면 외로움을 없앨 수 있을까? 외로움은 현대인의 가장 무서운 적이다. 오죽하면 영국에 외로움을 전담하는 부서까지 만들었겠는가? 특히 나이가 들수록 외로움을 없애는 비법을 갖고 있어야 한다.

경로당 대화를 알고 있는가? 말하는 사람만 있고 듣는 사람이 없는 것이 경로당 대화다. 그만큼 외롭기 때문이고 말이 고팠기 때문이다. 그래서 나이 든 사람에게 해줄 수 있는 최고의 보시가 바로 노인들 얘기를 들어주는 것이다. 근데 그것도 한두 번이다. 별 내용도 없는 그런 얘기를 계속 듣는 건 엄청난 인내를 필요로 한다. 난 나이 들수록 글쓰기를 친구로 할 것을 권한다. 말은 상대를 필요로 하지만 글쓰기는 상대 없이도 가능하다. 연필 외에는 아무 준비도 필요 없다. 돈도 들지 않는다. 근데 글을 쓰면 외롭지 않다. 외로울 시간이 없다. 자꾸 관심 분야가 넓어진다. 자료도 찾고 메모도 하고 질문도 하게 된다. 자기가 아는 걸 자꾸 떠들면 기피노인이 되지만 자신이 아는 걸 글로 쓰면 존경도 받을 수 있다.

 난 60 이후가 인생의 절정기라고 생각한다. 은퇴하고 자식들 결혼시키고 자신이 좋아하는 일을 마음껏 할 수 있기 때문이다. 무엇보다 이때가 지적으로 가장 충만한 시기란 생각이다. 이때 아는 것, 경험했던 것, 공부했던 걸 글로 옮겨 책으로 내면 정말 최고의 시간이 될 수 있다고 생각한다. 박완서가 대표적이다. 마흔 살에 데뷔해 여든에 돌아가실 때까지 쉼 없이 글을 썼다. 그가 일흔일곱에 펴낸 소설집 『친절한 복희씨』는 노인들의 마음을 사진 찍듯이 써 노년층의 환호를 받았다. 그는 노년의 글쓰기를 하산에 비유했다. 올라가는 것 못지않게 우아하게 내려가라는 것이다. 소설가 박경리 역시 『토지』를 완간한 뒤 77세까지 소설을 썼고 마지막 인터뷰에선 이런 말을 했다. "감각과 감수성은 젊은이들과 똑같다. 밤마다 너무 많은 생각이 떠오른다."라고 했다. 빅토르 위고는 예순에 『레미제라블』을 펴냈고 괴테는 82세에 『파우스트』를 완성했다.

어린애도 자꾸 징징거리면 보기 싫다. 하물며 나이 든 사람이 외롭다고 칭얼대면 그거야말로 꼴불견이다. 젊은이들은 속으로 이렇게 말할 것이다. "외롭다고, 근데 나보고 어쩌라고?" 그렇기 때문에 나이가 들수록 글을 써야 한다. 글쓰는 훈련을 해야 한다. 글은 외로움을 작품으로 승화시키는 최고의 작업이다.

4장

글을 쓰기 위해
알아야 할 것들

글쓰기는 책 읽기에서 나온다

내 삶의 세 가지 축은 운동, 독서, 글쓰기다. 세 가지 축의 도움을 많이 받았고 그게 나를 변화시켰기에 강연 때나 사람들을 만날 때마다 운동해라, 책 읽어라, 글 쓰라는 얘길 자주 한다. 때와 장소를 가리지 않고 글쓰기가 인생을 바꾼다는 얘길 한다. 그와 동시에 '내가 어떻게 글을 쓰게 되었을까?'란 질문을 스스로에게 한다. 한 번도 누군가에게 글쓰기를 배운 적이 없다. 글쓰기 책 한 번 읽어본 적도 없다. 그래도 그럭저럭 남들이 이해할 수준의 글은 쓰고 있다.

그렇다면 어떻게 하면 글을 잘 쓸 수 있을까? 요즘 유행하는 글쓰기 강좌를 통해 글쓰기를 배울 수 있을까? 솔직히 부정적이다. 글쓰기는 강좌를 통해 배울 수 있는 게 아니다. 글쓰기를 잘하기 위해서는 뭔가 얘깃거리가 있어야 한다. 소설가 박완서 선생처럼 전쟁 때 당한 압박과 설움이 있든지, 머릿속에서 판타지가 저절로 그려지든지, 가슴 속에 말하고 싶은 그 무엇이 차고 넘쳐야 한다. 말하고 싶어 미칠 것 같은 그 무엇이 있어야 한다. 당연히 남다른 경험과 생각 혹은 지식과 깨달음이 있어야 한다. 내 경우는 대기업을 다니면서 그런 생각이 많았다.

대기업의 운영, 리더십, 노조, 기타 사람들에게 하고 싶은 얘기가 많았다. 어쩌면 이렇게 원시적으로 회의를 운영하는지, 쓸데없는 간섭이 그렇게 많은지 이해할 수 없었고 그걸 글로 쓰고 싶었다. 하지만 생각을 글로 옮긴다는 것이 쉽지 않았다. 계속 조금씩 글을 썼지만 사람들을 설득하는 글을 쓰는 건 생각보다 어려웠다. 1년에 한 권 쓰기가 쉽지 않았다. 20년이 지난 지금은 많이 달라졌다. 1년에 서너 권은 거뜬하다. 지금도 10권 이상의 주제가 나를 기다리고 있다. 머릿속에는 하고 싶은 것들이 점점 늘어나고 있다. 왜 그럴까? 어떻게 된 일일까? 내게 무슨 일이 일어난 것일까? 내가 천재라서 그런 건 아니다. 이유는 남들보다 압도적으로 많은 책을 읽었기 때문이라고 생각한다.

내가 가진 직업 중 하나는 책 소개다. 첫째, 난 교보문고의 북

멘토다. 교보문고에서 매달 8권에서 10권 정도의 신간을 보내주는데 난 그중 5권을 추천해야 한다. 그냥 추천하면 안 되고 왜 내가 이 책을 추천했는지를 반 페이지 정도로 얘기해야 한다. 그 책이 무슨 말을 하는지, 핵심이 뭔지, 거기에 대한 내 생각은 뭔지, 내가 왜 추천하는지를 글로 풀어야 한다. 일단 교보문고에서 한 번 거른 후 보내주기 때문에 일정 수준이 되는 책들이다. 교보문고에서 보내주는 책만 1년에 100권 이상 읽어야 한다.

다음은 멀티캠퍼스에서 운영하는 세리CEO이다. 20년째 이곳에서 격주에 한 권 인문학 관련 책을 소개한다. 책을 읽고 요약해 이를 8분짜리 동영상으로 만들어야 한다. 1년에 27권을 추천해야 하는데 한 권을 추천하려면 대충 10권 정도는 훑어봐야 하니까 평균 1년에 200권쯤은 훑어봐야 한다. 사람들 추천도 듣고 서평란도 열심히 본다. 사는 경우도 있고 요약만 보는 경우도 있다.『동아 비즈니스 리뷰』의 경우는 좀 불규칙하지만 A4 용지로 5장 정도로 압축해야 한다. 책을 읽고 중요한 내용을 잘 추려 설명해야 한다. 세 군데서 책 소개를 하고 있지만 성격은 다르다.『동아 비즈니스 리뷰』같은 경우는 책을 통째로 완벽하게 읽고 소화해야 가능하다. 세리CEO의 경우도 완벽하게 읽어야 하는 건 같지만 제한된 지면 때문에 내용보다는 핵심만을 뽑아 소개하고 간단한 내 의견을 더할 수 있어야 한다.

그 외에도 소개와 관계없이 관심 분야의 책을 수시로 산다. 신문에 난 책 소개, 지인들이 추천하는 책은 거침없이 산다. 출판사에서 보내주는 경우도 제법 있다. 이래저래 내가 접하는 책이 1년에 500권 정도 된다. 다 읽는 건 불가능하다. 200권 정도는 다 읽고 나머지는 맛만 보지만 대충 요즘 나오는 책이 어떤 종류의 책이란 건 알 수 있다. 이런 생활을 20년 정도 했고 앞으로도 계속할 것이다. 지금 생각하면 이런 지식의 습득과 저장이 글쓰기에서 가장 중요한 출발점이란 생각이다. 다양한 지식과 자식이 만나 화학반응을 일으키고 종으로 횡으로 엮이고 주제별로 꼬리에 꼬리를 물면서 나도 모르게 새롭게 쓰고 싶은 글이 생기는 것 같다.

대표적인 것이 『대통령의 질문』이란 책이다. 아직 출간하지 않았고 머릿속에 구상만 있는데 내용은 대충 이렇다. 현재 한국은 최고의 위기 상황이다. 너무 많은 과제를 안고 있는데 대부분 구조적인 문제라 단기적으로 해결이 어렵고 대통령 혼자만의 힘으론 어떻게 할 수 없다. 누가 대통령을 해도 해결하기 어렵다. 하지만 대통령이 문제의 본질을 알고 있다면 해결하는 데 도움이 될 것이다. 그래서 난 이런 상황을 가정했다. 그럴 리는 없겠지만 만약 대통령이 내게 인구문제, 실업문제, 경제문제, 교통체증 문제 등에 대해 조언을 구한다면 난 이렇게 답하겠다고 상상했다. 내 주장만을 펴면 호소력이 떨어지지만 아젠다별로 통찰력을 줄 만한 책 추천을 함께하는 것이다.

시간이 없는 대통령을 위해 책 내용을 요약하고 거기에 대한 내 코멘트를 간단히 더해 대통령에게 제공하는 것이다. 생각만 해도 신이 나는 일이다. 예를 들어 실업 문제를 묻는다면 난 『실업의 세계사』란 책을 추천한다. 이 책은 실업이 얼마나 무서운지 알려준다. 실업의 결과는 전쟁이나 폭동이 될 수 있다. 제2차 세계대전도 따지고 보면 독일의 실업 문제가 원인이 됐다. 이 책은 문제의 본질도 다룬다. 실업 문제는 일자리의 문제라기보다는 일자리와 구직자 간의 미스매칭이 핵심이고 그것의 원인은 무분별한 대학교육이란 것이다. 또 다른 하나는 고용시장의 경직이다. 피고용자를 보호하려고 해고를 어렵게 하다 보니 거꾸로 채용을 꺼리게 되고 실업이 증가한다는 것이다. 이런 식으로 책 소개와 더불어 대통령이 점검할 관리지표 등을 얘기하는 것이다.

글쓰기를 다른 말로 하면 책 읽기다. 글을 쓰기 위해서는 많은 책을 읽어야 한다. 그만큼 인풋이 많아야 글을 쓸 수 있다. 이런 내 주장을 뒷받침하는 사례는 수없이 많은데 몇 가지만 소개한다. "글쓰기의 전제조건은 바로 읽기이다. 다양한 지식의 저장고가 있어야 한다. 아는 게 없으면 쓸 수 없다. 영감이 있어야 글을 쓰는 게 아니라 글을 쓰다 보면 영감이 떠오른다." 강원국의 주장이다. "작가란 글을 쓰는 사람이다. 근데 글을 잘 쓴다는 것은 현란한 글발을 뜻하지 않는다. 무엇보다 본질과 팩트에 충실해야 한다. 그러려면 공부해야 한다. 공부라 함은 독서뿐 아니라 세상사 돌아가는 걸 의미 있게 바라보는 평소의 관심과 경험치가 중요하다. 공부와 관심을 게을리하면서 좋은 글을 쓰겠다는 건 도둑놈 심보다." 홍익희의 주장이다.

글쓰기의 본질은 책 읽기이다. 책을 많이 읽어야 뭔가 할 말이 생기고 뭔가를 쓸 수 있다. 읽은 만큼 쓸 수 있다. 읽지 않으면 쓸 수 없다. 좋은 글을 위해서는 좋은 책을 많이 읽어야 한다. 남들이 하지 못한 경험을 하고 남다른 생각을 많이 해야 한다. 엄청난 지식과 생각이 머릿속에서 반응을 일으키고 그것을 소화하면서 나오는 결과물이 바로 글이다. 그런 면에서 읽기와 쓰기는 별개의 것이 아닌 하나라 할 수 있다. 많이 읽는 사람이 잘 쓰고 잘 쓰는 사람이 많이 읽는다. 좋은 글을 쓰고 싶은가? 방법은 간단하다. 좋은 글을 많이 읽으면 된다. 글쓰기는 책 읽기의 다른 표현이다.

글쓰기는 지식의 결과물이다

글쓰기 관련해 꼭 알아야 할 것이 있다. 책을 읽지 않으면 글을 쓸 수 없다는 것이다. 좋은 글을 쓰기 위해서는 많은 책을 읽어야 한다. 글은 수많은 지식의 결과물이다. 아니, 독서의 최종 목표는 글쓰기가 되어야 한다. 책 읽기와 글쓰기는 서로 물고 물리는 관계이다. 고분자공학의 단어를 빌리자면 상호 침투 네트워크Interpenetrating Network이다. 무엇이 먼저이고 무엇이 나중인지 구분할 수 없을 정도로 긴밀하게 연결되어 있다. 근데 많은 사람이 책을 읽지 않는다. 특히 한국 사람들이 책을 읽지 않는다는 얘기는 유명하다. 오랫동안 그 얘길 들었다. 한국인은 분서갱유했고 지적인 것과는 담을 싼 무지하고 무식한 국민이란 얘기를 참 많이 한다. 그게 사실일까? 책 안 읽는 건 맞다. 가까운 일본만 가도 책 읽는 사람이 많다. 근데 왜 그럴까? 왜 한국인은 책을 읽지 않을까? 그게 개인만의 책임일까?

책을 안 읽는 1차 책임은 저자와 출판사에 있다는 것이 내 생각이다. 효과적이지 않은 유통시장도 원인 중 하나다. 책을 사려는 사람과 책을 팔려는 사람 사이에 정보가 원활하지 못하다. 일단 신문에서 소개되는 책에 관한 정보에 왜곡이 많다. 난 금요일과 토요일 신문의 책 소개 코너를 열심히 읽는 편이다. 물론 좋은 책을 많이 소개하지만 좋은 책보다는 대형출판사 혹은 기자와의 인연으로 책을 소개하는 것이 많다. 작은 출판사의 좋은 책이나 연줄이 없는 나 같은 사람이 신문에 자기 책 소개를 하는 건 쉽지 않다. 난 30권 넘게 책을 썼지만 신문에 소개된 적이 거의 없다. 초반엔 이를 안타깝게 생각했지만 지금은 덤덤하다. 신문에 소개된다고 책이 꼭 잘 팔리는 건 아니고 소개되지 않아도 좋은 책은 입소문으로 잘 팔린다는 걸 경험했기 때문이다.

교보문고나 영풍문고의 매대도 그렇다. 일반인들은 베스트셀러 코너, 언론에 소개된 코너, 혹은 매대에 진열된 책을 보고 산다. 하지만 매대의 많은 부분은 대형출판사가 돈을 내고 산 것이기 때문에 작은 출판사의 책은 전시조차 쉽지 않다. 보이지 않으니 살 확률은 줄어든다. 난 작은 출판사에서도 책을 몇 번 냈는데 신간이 나온 후 내 책을 서점에서 찾는 건 모래사장에서 바늘을 찾는 것 같았다. 서점에 책을 깔아야 팔리는데 그 출판사는 깔 능력이 안 된 것이다. 그런 문제가 비단 우리만의 문제는 아니다. 그래서 내 비전 중 하나는 개인에게 맞는 책을 쉽게 구입할 수 있게끔 도와주는 역할을 하는 것이다. 어떻게 하면 그런 일을 할 수 있을까?

첫째, 잘 읽히는 책을 써야 한다. 가독성이 좋아야 한다. 중학생도 읽고 공감할 수 있어야 한다. 유감스럽게도 잘 읽히지 않는 책, 어려운 책이 너무 많다. 특히 번역한 책 중 이런 게 많다. 도대체 무슨 말을 하는지 알아들을 수 없다. 이런 책을 구매한 독자들은 다시는 책을 사려 하지 않을 것이다. 사놓고 읽지 않으니 다들 양심의 가책으로 스스로를 괴롭힌다. 책을 사놓고 읽히지 않아 고민하는 이들에게 "그건 당신 잘못이 아니다. 과감히 책을 덮거나 버려라. 잘 읽히고 재미난 책만을 읽어도 부족한 시간에 무엇 때문에 그런 말도 되지 않는 책을 힘들게 읽어야 하느냐?"란 위로의 말을 하고 싶다. 난 가독성이 떨어지는 책을 쓰는 저자나 역자에게 본인이 쓴 글을 소리 내어 읽어볼 것을 권한다. 배우자 혹은 자녀에게 본인 글에 대한 피드백을 받아보길 권한다. 독자의 목소리에 귀를 기울이라는 것이다. 사람들이 책을 읽지 않는 1차 책임은 독자가 아닌 저자다. 읽지 않는 사람 잘못이 아니라 읽히지 않게 쓰는 저자의 책임이다.

둘째, 책을 만드는 자와 사려는 자 사이의 정보 비대칭을 깨야 한다. 시장 중 가장 왜곡된 시장이 책 시장이다. 사람들은 왜 책을 살까? 재미를 찾는 이들도 있지만 뭔가 숙제가 있거나 문제가 있거나 더 공부하기 위해 산다. 근데 그런 사람이 원하는 책을 찾을 확률이 얼마나 될까? 난 3할 이하로 생각한다. 서점에서 책 구경하는 사람을 볼 때마다 난 그들에게 왜 왔는지 물어보고 내가 아는 범위 내에서 책을 추천하고 싶다. 어떤 책을 사고 말지에 대한 조언을 해주고 싶다. 예를 들어 불면증으로 고생하는 이들에겐 『수면혁명』을 권하고 회사에서 새로운 보직을 맡은 사람들에겐 『루키 스마트』를 권하고 싶다. 엉뚱한 책을 고를 사람에겐 "그 책은 몹시 어렵고 읽히지 않은데 실망할 수도 있다."는 경고의 말도 해주고 싶다.

셋째, 정보 비대칭 문제를 조금이라도 해결하기 위해 내 이름을 걸고 좀 더 적극적으로 책을 소개하고 싶다. 지금도 세 군데에서 하고 있지만 다 한계가 있다. 나름의 사정이 있기 때문에 내가 소개하고 싶은 책을 소개할 수 없는 경우도 있고 내가 별로로 생각하는 책을 소개해야만 하는 경우도 있다. 또 장르도 내 마음대로 할 수 없다. 기회가 되면 그동안 소개한 책을 밑천으로 다양한 방법으로 책에 대한 요약, 거기서 배워야 할 것, 책에 대한 느낌 등을 소개하고 싶다. 내 이름을 걸고 책을 소개해 사람들로부터 "추천 책을 사면 적어도 속았다는 생각은 들지 않는다."란 얘길 듣고 싶다.

요즘 자기계발에 관심이 많은 직장여성을 대상으로 주말에 독서토론회를 진행하고 있다. 내 책을 갖고 한다. 다 읽고 토론회 전에 요약본과 질문 세 가지 정도를 제출해야 한다. 근데 정말 반응이 뜨겁다. 별생각 없이 시작한 일인데 그들의 열정에 내가 놀란다. 그들과 몇 번 만나면서 책 읽는 엄마가 세상을 바꾼다는 생각이 들었다. 그들을 돕고 이런 일을 확대할 수 있다면 어떨까 하는 생각도 들었다. 최종적인 목표는 이들로 하여금 글을 쓰게 하는 것이다. 일정한 양의 책을 읽으면 그게 본인 경험과 맞물려 글이 나올 것이다. 나와 같이 독서토론하는 엄마들의 미래가 궁금하다.

글쓰기는 할말이 있어야 한다

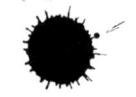

입력이 있어야 출력이 있다. 입력이 없이 출력을 기대할 수는 없다. 글쓰기를 위해 가장 필요한 건 밑천이다. 쓸거리다. 우선 얘깃거리가 많아야 한다. 남들과는 다른, 사람들의 호기심을 불러일으키는 그런 얘기가 많아야 한다. 또 그 얘기를 갖고 놀기를 좋아해야 한다. 내 얘기를 하고 남의 얘기를 듣고 얘기에 살을 붙이는 과정을 좋아해야 한다. 그래서 쉬운 인생보다는 힘든 인생을 산 사람들이 글쓰기에 유리하다. 특히 장편소설은 그렇다. 장편 대하소설을 쓰기 위해서는 머리도 좋고 감성도 있어야 하지만 좌절을 해야 한다. 반드시 인생의 쓴맛을 봐야 한다.『임꺽정』을 쓴 홍명희가 그렇다. 그는 군수였던 아버지가 자결하자 그

충격으로 정처 없이 세상을 떠돌았다. 중국, 싱가포르, 미얀마, 말레이시아 등을.

내가 좋아하는 드라마 작가 노희경도 그렇다. 그녀는 젊은 시절 어머니 속을 무던히도 썩였던 것 같다. 범생이기보다는 반항적인 사람이었는데 그게 다 좋은 글감이 되었단다. 그녀의 말이다. "그런 시절이 이제와 내게 좋은 글감들을 제공한다. 나는 한때 내 성장 과정에 회의를 품은 적도 있었지만 지금은 아니다. 내가 만약 가난을 몰랐다면 인생의 고단함을 어찌 알았겠는가? 내가 만약 범생이었다면 낙오자들의 울분을 어찌 말할 수 있겠으며, 실패 뒤에 어찌 살아남을 수 있었겠는가? 작가에겐 아픈 기억이 많을수록 좋다. 아니, 작가가 아니더라도 그 누구에게나 아픈 기억은 필요하다. 내가 아파야 남의 아픔을 알 수 있고 패배해야 패배자의 마음을 달랠 수 있기 때문이다."

글을 쓰기 위해서는 이야기를 좋아해야 한다. 이야기에 푹 빠질 수 있어야 한다. 소설가 박완서가 그랬다. "인간은 누구나 이야기에 대한 욕구가 있다. 나 역시 어려서부터 이야기를 매우 좋아했다. 소설도 많이 읽었고 그렇게 읽다 보니까 이야기에 대한 욕구가 생겨났다. 나는 살아남은 자의 미안함으로 먼저 떠난 자들을 위해 글을 쓰기 시작했다. 문학이란 삶에 대한 감사함이다.

날카롭지 않으면 글을 못 쓴다. 어쩔 수 없다. 글 쓰는 사람은 예민할 수밖에 없다. 잘 곰삭은 한은 인간성을 풍부하게 하고 창조적인 힘이 된다고 제 나름으로 생각하고 있다."

가장 좋은 입력은 독서다. 책을 읽어야 책을 쓸 수 있다. 읽지 않으면 쓰기 어렵다. 내가 책을 쓰게 된 가장 큰 이유는 바로 독서가 내 직업이기 때문이다. 글을 쓸 수 없다는 건 어떤 면에서 원자재가 부족하다는 걸 의미한다. 그렇기 때문에 글을 쓰기 위해서는 글쓰기 전 자신만의 방법으로 재료를 모을 수 있어야 한다. 집필에 필요한 재료, 잘 단련된 생각, 다양한 주제를 탐사하고 그 주제에 대한 재료를 모으는데 많은 시간을 써야 한다. 난 다양한 종류의 책을 읽는다. 취향 또한 계속 바뀐다. 처음에는 경영이나 마케팅 관련 책을 주로 읽었다. 자기계발 관련 책도 신물 나게 읽었다. 자서전과 평론도 많이 읽었다. 요즘은 역사 관련 책을 많이 읽는다. 기술의 역사, 의학의 역사, 제약의 역사, 음식의 역사 같은 것에 관심이 많다.

책을 많이 읽는 것 못지않게 제대로 읽는 것이 중요하다. 보통 사람들은 눈으로만 책을 읽는다. 묵독이다. 묵독으론 읽은 내용은 잘 입력되지 않는다. 읽은 후 빛의 속도로 읽은 내용이 사라져 1년이 지나면 내가 그 책을 읽었다는 사실조차 기억 못 하는 경우가 많다. 난 책을 거칠게 읽는다. 줄도 치고, 낙서도 하고, 의견이 생기면 내 의견도 적고, 좋은 내용은 전체를 접기도 한다. 책을 읽는 것보다 책을 읽은 후가 중요하다. 난 반드시 주요 부분, 기억하고 싶은 부분, 소개하고 싶은 부분을 필사한다. 감명받은 책은 A4로 열 장이 넘는 일도 비일비재하다. 시간도 많이 들고 고통스럽다. 하지만 눈으로 읽을 때와는 다른 기분이다. 저자의 생각이 내 뇌에 각인되는 기분이다. 당연히 필사가 기억력을 높인다. 묵독으로 읽은 책은 별로 기억이 나지 않지만 필사를 거친 책은 거의 모든 내용을 떠올릴 수 있다. 이게 필사의 힘이다.

하지만 필사만으로는 충분치 않다. 필사한 책의 정보는 원할 때 끄집어낼 수 있어야 한다. 이를 위해 지식냉장고를 갖고 있는데 거기에는 내가 관심 있는 수많은 아젠다들이 있다. 리더십, 혁신, 역사, 음식, 격언 등등……. 책 내용을 요약한 후 정보를 이곳으로 다시 옮긴다. 리더십에 좋은 사례는 리더십 항목으로 옮기고 혁신 관련 좋은 격언을 발견하면 혁신 항목으로 옮긴다. 그게 내 지식냉장고다. 그럼 원할 때 원하는 정보를 바로 찾을 수 있다. 지식냉장고 안에 있는 지식은 네이버나 구글에 있는 지식과는 다르다. 내 손과 발을 이용해 채집한 나만의 정보다. 만약 누군가 조직문화 관련해 글을 써달라고 하면 난 지식냉장고 안에 있는 조직문화란에 들어간다. 여기 있는 지식은 정리는 안 됐지만 생생하게 살아 있는 나만의 지식창고다. 이곳을 둘러보면 그 책을 읽을 당시의 생생한 느낌이 떠오른다. 난 지식냉장고 안의 지식에 내 생각을 더하고 정리해 고객에게 전달한다.

글쓰기는 요리와 비슷하다. 재료 준비에는 시간이 오래 걸리지만 막상 요리하거나 글을 쓰는 데는 별로 시간이 걸리지 않기 때문이다. 근데 순서는 정해져 있지 않은 것 같다. 재료 준비가 끝난 후 글쓰는 것도 방법이지만 쓰면서 자료를 찾기도 한다. 사실 글을 쓰지 않으면 자신의 지식이 부족하다는 생각조차 못하기 때문이다. 좋은 글을 쓰기 위한 자신만의 지식냉장고를 만들어야 한다. 그곳을 풍부하고 신선한 재료로 가득 채워야 한다. 그럼 좋은 글을 쓸 수 있다.

글쓰기는 의견이 있어야 한다

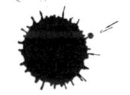

최근 피터 자이한이 쓴 『셰일 혁명과 미국 없는 세계』란 책을 읽었다. 대충 내용은 이렇다. 2018년 이후 세계 1등 산유국은 미국이다. 미국은 석유수입국에서 석유수출국으로 변했다. 근데 이게 세계 정세에 어떤 영향을 줄까? 브레턴우즈 협정 이후 미국 외교의 두 축은 공산주의 확산을 막는 것과 안정적인 원유 수입 경로의 확보이다. 소련이 무너지면서 공산주의 확산의 걱정은 사라졌다. 셰일 혁명으로 1등 산유국이 되면서 중동 문제 역시 더 이상 주요 아젠다가 아니다. 미국은 여러 가지 면에서 축복받은 나라다. 쓸데없이 돈을 들여 다른 나라의 일에 간섭할 필요가 사라졌다. 자급자족하면서 자기만의 삶을 즐기면 된다는 것이다.

트럼프가 미국 제일주의America First를 부르짖는 건 당연하고 앞으로도 그런 식의 분위기는 계속될 것이란 것이다. 그럼 이게 세계 정세에 어떤 영향을 미칠까? 그가 생각한 가상 시나리오는 대충 이렇다. 큰 형님이 빠진 중동에서 분쟁이 일어날 것이다. 사우디를 미워하는 이란이 사우디를 공격할 것이다. 이란은 군사적 우위를 갖고 있고 사우디는 그동안 미국의 등뒤에서 평화를 유지했는데 미국이 빠지면서 평화가 깨지고 중동은 대혼란에 빠질 것이다. 그럼 이 문제로 가장 피해를 보는 국가는 어디일까? 그는 일본, 중국, 한국 세 나라를 꼽는다. 모두 중동에서 석유를 수입하기 때문이란 것이다. 일본의 움직임도 관심이다. 일본은 압도적 해군 우위를 갖고 있어 남중국해를 장악하고 동북아패권을 노릴 가능성이 크다는 것이다. 그럼 한국은 어떻게 해야 하는가? 에너지 정책을 어떻게 해야 하고 일본과 중국 사이에서 어떤 역할을 해야 할 것인가? 그 책이 우리에게 던지는 질문이다. 생각만 해도 소름이 끼치는 시나리오다.

그는 중요하지만 일반인의 관심을 얻기 어려운 주제를 알기 쉽게 잘 설명한다. 무엇보다 그의 책이 신선한 것은 남들과 다른 자신만의 견해를 갖기 때문이다. 미래가 그의 말대로 될지 아닐지는 알 수 없지만 충분히 가능성은 있다고 생각한다. 난 무엇보다 그의 탁월한 견해가 부럽다. 미국이 세계 제1의 원유생산국가가 달라졌다는 팩트 하나를 갖고 어떻게 그런 생각을 할 수 있을까? 그런 면에서 고수란 남과 다른 나만의 견해를 가진 사람이다. 남들도 다 하는 생각이 아닌 자기만의 독특한 생각이 중요하다. 난 그게 책을 쓸 때 가장 중요한 재료라고 생각한다. 당신은 당신만의 생각이 있는가? 혹시 나도 알고 너도 알고 네이버 찾아보면 다 아는 그렇고 그런 내용으로 책을 쓰려고 하는 건 아닌가? 책을 쓰기 위해서는 남이 아닌 나만의 의견을 갖고 있어야 한다.

근데 어떻게 하면 나만의 견해를 가질 수 있을까? 가만히 앉아 있는데 그런 견해가 불쑥 나올까? 절대 아니다. 세상에서 제일 지루한 사람은 자기 의견이 없는 사람이다. 남이 써준 각본을 읽는 사람이다. 누군가 써준 각본을 읽는 걸 앉아서 듣는 건 생각만 해도 고통스럽다. 그런 뻔한 얘기를 쓴 책은 읽히지 않는다. 그런 면에서 책을 쓸 때 가장 중요한 건 남의 의견이 아닌 자기의견이다. 근데 자기 의견意見이란 무엇일까? 자기 의견은 남이 아닌 자신이 세상을 바라보는 눈이다. 사회를 보는 시선이다. 다른 사람을 해석하는 방식이다.

의견이란 단어를 풀면 뜻 의意 플러스 볼 견見이다. 그냥 보는 것이 아니라 자신만의 의미를 갖고 본다는 뜻이다. 의견이 있다는 건 자신만의 해석 장치가 있다는 뜻이다. 세계관은 세계를 보는 자기 의견의 총합이다. 인생관은 자기 삶에 대한 자기 의견의 합이다. 정치관은 정치를 바라보는 시각이고 역사관은 역사를 해석하는 자신만의 프리즘이다. 그렇다면 자기 의견은 어떻게 만들어지는가? 의견은 사람과의 관계에서 만들어진다. 세상, 사회, 타자와 관계하면서 만들어진다. 의견은 모든 사건과 사물에 대한 자신의 해석이고 견해이다. 다른 사람의 의견과 그들과의 충돌 융합 등의 과정을 통해 자기 의견이 만들어진다. 심화 발전하고 진화한다. 그런 면에서 자신만의 독창적인 의견은 사실 불가능에 가깝다. 원래부터 자기의견이란 존재하지 않는다. 어디서 들었던 것, 봤던 것, 경험했던 것이 화학반응을 일으키면서 자기의견으로 변하는 것이다.

어떻게 하면 자기의견을 잘 낼 수 있을까? 어떻게 해야 논리적이고 합리적이고 호소력이 있는 의견을 가질 수 있을까? 가장 중요한 건 폭넓은 공부다. 다양한 책을 통해 자기만의 정체성을 명확히 하는 것이다. 그렇지 않으면 편협하고 치우친 사람이 되는데 참으로 위험한 일이다. 핵심 중 하나는 다양성이고 이를 넓히는 방법은 상대에 대한 이해다. 좌는 우를 알아야 하고 우는 좌를 알아야 한다. 조선일보를 읽는 사람은 동시에 한겨레신문을 읽어야 하고 교회를 다니는 사람은 불교 관련 책을 읽으면 훨씬 폭넓은 사람이 될 수 있다. 가장 위험한 건 모르면서 욕을 하는 것이다. 일본을 욕하면서 일본에 대해 공부하지 않는 것이다. 다른 하나는 의심이다. 책 내용과 다른 사람이 하는 말을 그냥 믿는 대신 의심하라는 것이다. 그게 정말 사실일까? 논리적으로 맞을까? 나라면 어떻게 할까? 등 의문을 품고 질문하고 상상하면서 책을 읽는 것이다. 방법의 하나는 독서 할 때 공간이 많은 노트를 사용하는 것이다. 자기 생각을 기록하기 위해서이다. 여기서 퀴즈 하나? 남이 잘 쓴 노트를 복사해 시험 보는 것과 엉성해도 내 노트로 시험 보는 것과 어느 것이 효과적일까? 당근 엉성한 내 노트가 효과적이다. 그만큼 남의 생각보다 내 생각이 중요하기 때문이다.

　글은 나만의 생각이 있어야 쓸 수 있다. 그래서 위로 올라갈수록 직접 글을 써야 한다. 글 쓰는 능력이 없는 사람은 절대 위로 올라갈 수 없다. 글에 그 사람의 관점, 분석, 사고의 날카로움이 드러나기 때문이다. 그런 면에서 글은 그 사람이다. 글을 보면 그 사람이 어떤 사람인지 알 수 있다. 칼럼을 보면 그 사람의 정체성을 알 수 있다. 무슨 생각을 하는 사람인지, 어느 정도 생각의 깊이를 가졌는지, 논리적인 훈련은 되어 있는지, 치우친 사람인지 아닌지, 책은 얼마나 읽었는지, 글은 써봤는지 등이 보인다. 글을 쓴다는 걸 달리 표현하면 자기의견을 쓴다는 것이다. 글을 쓸 수 없다는 건 자기의견이 없거나 명확하지 않은 것이다. 나는 어떤가? 당신은 어떤 건 같은가?

글쓰기는 감동이 있어야 한다

난 여러 경로를 통해 내 글을 알린다. 블로그에도 싣고 코칭경영원의 코칭레터를 통해 알리기도 한다. 기타 여러 군데 사보에 글을 싣는다. 또 그때그때 떠오른 생각을 글로 써 컴퓨터에 저장하기도 한다. 내가 감동한 글은 독자들도 감동한다. 그런 글에는 많은 독자가 댓글을 달거나 격려의 이메일을 보내는데 그럴 때 글쓰는 사람으로서 큰 보람을 느낀다. 가장 기억나는 것 중 하나는 첫 손자 주원이를 태어난 뒤 쓴 「천사가 왔다」는 글이다. 처음 손자를 본 후 감동에 겨워 나도 모르게 쓴 글이다. 이 글이 레터를 통해 나간 후 정말 많은 사람으로부터 격려의 편지를 받았다.

내가 생각하는 좋은 글은 내가 감동하는 글이다. 난 자주 내가 쓴 내 글에 감동한다. 어떻게 내가 이런 글을 쓸 수 있을까 깜짝 놀란다. 자기 자랑도 이 정도면 올림픽 금메달감이라고 속이 불편하겠지만 할 수 없다. 참아야 한다. 진실이기 때문이다. 내가 감동할 수 있는 글이 좋은 글이다. 내가 감동하지 않았는데 다른 사람들이 감동할 수는 없다. 난 나를 위해 글을 쓴다. 내 최고의 독자는 나 자신이다. 내 글의 첫 고객 역시 나 자신이다. 내가 흥분할 만한 글을 쓸 수 있어야 한다. 내가 좋아하고 감동해야 다른 사람들도 감동한다.

그렇다면 어떻게 좋은 글을 쓸 수 있을까? 첫째, 내 얘기를 해야 한다. 하고 싶은 얘기를 솔직하게 전달할 수 있어야 한다. 태생적으로 뭔가 숨기고 감추는 걸 싫어한다. 아닌데 그런 척하는 걸 싫어한다. 그런 상황을 견디지 못한다. 난 솔직하게 쓸 수밖에 없다. 솔직하지 않은 건 쓸 수가 없다. 써지지가 않는다. 얼마 전 「쉬운 남자」란 제목의 글에서 내가 얼마나 집에서 쉬운 남자, 우스운 남자이고 그런 취급을 받는지 쓴 적이 있다. 그 글에도 많은 사람이 격려의 글을 보냈는데 바로 솔직함이 사람의 마음을 움직인 거 같다. 글은 솔직해야 한다. 솔직한 글이 좋은 글이다. 사람들은 남 얘기에 감동받지 않는다. 사돈의 팔촌의 멋진 얘기는 아무리 해도 남 얘기다. 사소하고 남들 눈에는 별 볼 일

없어도 내 얘기를 해야 한다. 그게 가장 중요하다.

근데 많은 사람이 자신을 드러내지 않는다. 어느 저자는 대인관계에 대한 온갖 얘기를 늘어놓았는데 가족 얘기가 없다. 아무리 눈을 씻고 찾아도 가족 얘기를 찾아볼 수 없다. 나이로 봐서는 결혼을 하고도 남을 나이인데 배우자 얘기도 없다. 자식 얘기도 없다. 결혼했는지 안 했는지, 이혼했는지 읽는 내내 궁금했다. 그렇게 인간의 따뜻함을 얘기하는 사람이 어떻게 가족 얘기가 없을까? 거의 대부분 그가 만난 경영자 얘기만 늘어놓았다. 난 중간에 책을 덮었다. 더 이상 읽고 싶지 않았다. 난 자기 얘기를 하지 않는 사람, 남 얘기만 하는 사람, 뭔가 감추는 사람들에게 이런 얘기를 해주고 싶다. 자기 얘기를 하든지, 아니면 쓰지 말든지. "작가가 울지 않는 이야기에는 독자도 울지 않는다." 로버트 프로스트의 말이다.

둘째, 좋은 글은 쉽게 읽히는 글이다. 글은 쉽게 읽혀야 한다. 일정 수준 이상의 사람들만 읽을 수 있는 글은 좋은 글이 아니다. 중학교 2학년 애들도 읽고 공감할 수 있는 글, 별다른 학식이 없어도 읽는 데 지장이 없는 글, 이게 뭔 소리지 하면서 다시 읽어야 할 필요성이 없는 글, 읽는 데 걸리는 거 없이 술술 읽히는 글, 읽는 자체로 기쁨을 주는 글이 좋은 글이다. 근데 쉽게 읽히는 글은 쉽게 쓸 수 없다. 쉽게 쓰는 게 가장 어렵다. 어려운 글을 쓰는 게 가장 쉽다. 거기에 관한 박완서 선생의 의견이다. "사람들은 어떻게 그렇게 글을 쉽게 쓰느냐고 질문한다. 읽기 쉬우니까 그만큼 쉽게 썼을 것으로 생각하는 것 같다. 하지만 그렇지 않다. 읽기 쉽게 쓰는 게 어렵게 쓰는 것보다 훨씬 힘들고 공도 많이 들기 때문이다. 요즘 같이 볼거리가 많은 시대에 누가 억지로 소설책을 보겠는가? 독자가 무슨 소리인지 알아먹지 못해 고통스럽게 하는 건 소설의 도리가 아니다." 난 이 주장에 120% 공감한다. 그녀의 글이 좋은 이유는 잘 읽히기 때문이다. 미국의 문학평론가 로렌스 페린은 읽기 쉬운 글을 쓰는 요체로서 정직, 용기, 겸손의 세 덕목을 들고 그중에서 정직을 가장 강조했다. 자신의 병역 기피나 권력에 쉽게 굴복하는 경향 등을 숨김없이 고백했다. 바로 이런 점 때문에 그의 글은 읽기 쉽다. 감출 것이 없으니까 글을 복잡하게 쓸 필요가 없다. 쉽게 읽히는 글이 좋은 글이다.

　셋째, 남다른 메시지와 깨달음을 주는 글이다. 입에서 나온다고 다 말이 아니다. 쓴다고 다 글은 아니다. 좋은 글은 그럴듯한 메시지가 있는 글이다. 호소력이 있고 뭔가 주장이 있어야 한다. 만약 글을 읽은 후 독자 입에서 "그래서 주장하는 바가 뭐냐?"

는 질문이 나오면 그 글은 전달에 실패한 글이다. 좋은 글은 "아 ~하!" 하는 감탄사가 나와야 한다. 그런 생각은 못했는데 새롭게 깨달았네요. 그런 식으로 생각할 수도 있군요. 어떻게 그런 생각을 했지요? 참 신기합니다. 같은 반응이 나와야 한다. 그러기 위해서는 남들과 다른 생각을 할 수 있어야 한다. 남들과 다른 삶을 살 수 있어야 한다. 똑같이 봐도 다르게 해석할 수 있어야 한다. 좋은 글은 좋은 생각의 결과물이다. 광고의 마술사 데이비드 오길비는 이렇게 얘기한다. "좋은 광고는 광고에 주의를 끌지 않으면서 제품을 파는 광고다. 광고는 독자를 광고 대신 제품에 집중시킨다. 좋은 광고는 정말 좋은 광고라는 느낌 대신 '이런 제품이 있는지 몰랐네요.' '이걸 한 번 써봐야겠네요.'라고 생각하게 한다. 좋은 글도 그렇다. 글 자체로 주의를 끄는 대신 사람을 움직이게 한다. 좋은 글은 '정말 훌륭한 생각이네요.' '정말 재미있는 내용이네요.'라고 말하게 하는 글이다."

넷째, 눈높이에 맞는 글이 좋은 글이다. 말을 잘하기 위해서는 눈높이를 맞출 수 있어야 한다. 중학생 앞에서는 중학생 눈높이에, 손자랑 놀 때는 손자 눈높이에 맞춰야 한다. 글도 그렇다. 눈높이를 맞추지 못하면 공감을 이끌어내지 못한다. 모든 사람이 독자는 아니다. 난 리더들, 리더를 꿈꾸는 사람들, 일정 수준의 지식을 갖춘 사람들, 자기계발에 관심이 많은 사람 대상으로 글을 쓴다. 너무 어린 학생이나 일자무식인 사람들하고는 눈높이를 맞추지 못한다. 그들이 어떤 사람인지 알지 못하기 때문에 맞출 자신도 없다.

워렌 버핏은 눈높이를 잘 맞춘 글을 쓰는 것으로 유명하다. 그는 2008년 주주들에게 보내는 편지에서 '잔치는 끝났다. 서브프라임 모기지 사태로 혼란에 빠진 시장을 향해 높은 파도가 지나가면 누가 알몸으로 수영을 하고 있었는지 드러나게 될 것이다.'라고 썼다. 어렵게 쓰는 사람들에 대해서는 이렇게 얘기한다. "우선 기술적인 용어 때문일 수 있다. 아예 글 쓰는 사람 스스로 자신이 무슨 말을 하고 있는지 모를 수도 있다. 혹시 양심적이지 못한 이들이 법률적 책임을 피하기 위해 일부러 이해하기 어렵게 글을 쓸 수도 있다. 가장 일반적인 경우는 잘난 척하기 위해서이다."

눈높이에 관해서는 이런 얘기를 한다. "주주들에게 편지를 쓸 때 내 누이들과 대화하듯 글을 쓴다. 누이들은 똑똑하지만 그렇다고 회계나 재무 전문가는 아니다. 쉬운 영어는 이해하지만 전문용어를 이해하는 데는 어려움이 있다. 내가 누이라면 무엇을 알고 싶을까 하는 정보만을 골라 전달하는 것이 목표다. 성공적인 글쓰기를 위해 셰익스피어가 될 필요는 없다. 상대방이 알고 싶어하는 정보를 전달하겠다는 진실한 마음만 있으면 된다. 글을 쓸 때 머리에 떠올릴 만한 가족이나 친척이 아무도 없다고? 그러면 내 누이들을 빌려드리겠다."

다섯째, 좋은 글은 간결한 글이다. 글은 간결해야 한다. "간결한 문체는 단순한 사고를 뜻한다는 편견이 있다. 그렇지 않다. 단순한 문체는 부단한 연구와 사고의 결과물이다. 애매한 문체는 게으른 나머지 자기 생각을 체계적으로 정리하지 못했기 때문이다." 윌리엄 진서의 말이다. "위대함만큼 단순한 것은 없다. 실제로 단순해지는 것은 위대해지는 것이다." 랄프 왈도 에머슨의 말이다.

사람마다 좋은 글에 대한 정의는 다를 수 있다. 그래도 대체로 공통점은 있다. 우리 말을 가장 잘한다는 이오덕 선생은 좋은 글의 세 가지 조건으로 쉽게 이해할 수 있는 글, 읽을 맛이 나는 글, 읽을 만한 내용을 담고 있는 글을 꼽는다. 어떤 이는 좋은 글의 조건으로 쉽게 읽을 수 있는 것, 콘텐츠가 있는 것, 재미가 있는 것을 얘기한다. 소설가 이청준은 따뜻한 글을 최고로 친다. "내 글이 상처받은 사람의 마음을 쓰다듬었는가? 누구의 빈 가슴을 채워주었는가? 이웃들과 따뜻한 눈빛을 나누었는가?" 등등……. 여러분이 생각하는 좋은 글은 어떤 글인가? 그동안 읽었던 글 중 최고는 누구인가? 왜 그런가? 어떻게 하면 그런 글을 쓸 수 있는가? 여러분과 나누고 싶은 주제다.

글쓰기는 글쓰기로 연습해라

여러분이 직접 쓴 책을 갖고 있는가? 언젠가 책을 한 번 써보겠다는 생각은 하고 있는가? 그렇다면 꼭 한 번 써보시길 권한다. 책을 쓴다는 건 단순히 쓰는 것 이상의 효과를 보기 때문이다. 난 지금까지 서른 권 이상의 책을 썼다. 공학박사인 내가 강의하고 자문하고 코칭하는 직업을 갖게 된 것도 책을 썼기 때문이다. 왜 글을 써야 할까? 글을 쓰면 뭐가 좋을까? 글은 곧 그 사람이다. 글 쓴 것을 보면 그 사람이 어떤 사람인지 알 수 있다. 그래서 조선시대 채용의 네 가지 기준 '신身, 언言, 서書, 판判' 안에 서가 들어 있다. 정치인이건, 기업인이건 그 사람이 쓴 글을 보면 그 사람이 어떤 사람인지 미루어 짐작할 수 있다.

내가 어떤 사람인지를 알기 위해서는 혹은 알리기 위해서는 글을 써보는 게 좋다. 도움이 된다. 글을 쓰면 생각이 정리된다. 엉킨 생각이 명료하게 정리된다. 생각이 엉켜 뭐가 뭔지 혼란스러울 때는 글로 옮겨보면 생각이 정리된다. 직원들 혹은 자녀와의 소통에도 글은 효과적이다. 자녀에게 뭔가 얘기를 하고 싶을 때는 글로 전달하라. 글을 쓰면 새로운 시각으로 사물을 볼 수 있다. 창조의 기쁨이 있고 외롭지 않다. 혼자 있을 때도 메모를 하거나 글 소재를 찾게 된다. 노년에 외롭지 않으려면 글쓰기를 배워두어야 한다. 재산을 남기는 것보다 저서를 남기면 자손 대대 불멸의 기록이 된다.

글을 쓰기 위해서는 어떻게 해야 할까? 글을 쓰기 위해서는 뭔가 하고 싶은 말이 안에서 차고 넘쳐야 한다. 그동안의 경험과 지혜, 깨달은 것, 자손과 직원들에게 이 말은 꼭 하고 싶다는 그 무엇이 있어야 한다. 할 말이 없는 사람은 쓸 말도 없는 법이다. 출발점은 책 읽기다. 좋은 책을 읽는다는 것은 과거의 가장 뛰어난 사람과 대화를 나누는 것과 같다. 책을 안 읽으면 글을 쓸 수 없다. 책 읽을 시간이 없는 사람은 글쓸 시간도 없는 사람들이다. 또 수많은 경험과 만남이다. 깨달음이다. 글을 쓰기 위해서는 많이 읽고 많이 쓰고 많이 생각해야 한다. 글쓰기는 글쓰기를 통해서만 배울 수 있다.

　책은 누구나 쓸 수 있다. 책은 콘텐츠 50%, 기술 50%로 이루어진다. 한 분야에서 10년 이상 종사한 전문가들은 모두 책을 쓸 수 있다. 전문가는 전문성을 가지고 일반인과 소통할 수 있어야 한다. 그래야 진정한 소통이 이루어진다. 책이란 하고 싶은 이야기를 세상을 향해 던지는 것이다. 글을 쓰기 위해서는 문제의식이 있어야 한다. 문제점이 보일 때 글을 써야 한다. 생각이 날 때 글을 쓰지 않으면 나중에는 생각 자체가 나지 않는다. 문제의식을 느끼고 깨어 있으면 글 소재는 곳곳에 있다. 책을 쓰려면 겸손해야 한다. 책을 못 내는 이유는 완벽한 책을 내겠다는 욕심 때문이다. 이 세상에 완벽한 책은 없다.

　책은 최고의 자기소개서이다. 우리는 흔히 명함으로 자기를 소개한다. 명함에는 제한된 정보만이 담겨 있다. 또 회사를 그만둔 실업자에게 명함이 없는 것은 엄청난 상실감으로 다가온다. 그렇지만 저서가 있다면 굳이 내가 어떤 사람인지를 소개하는데 시간을 쓸 필요가 없다. 어떤 일을 10년 이상 했다는 것은 그 분야의 전문성을 가졌다는 얘기다. 책은 전문가의 자격증이다. 책을 쓰지 않으면 그 사람이 전문가인지 아닌지 검증할 수 없다. 자신이 전문가임을 증명하기 위해서는 꼭 저서가 있어야 한다.

책을 쓰지 않으면 자신을 입증할 수 없다.

일본 사람들은 과장이나 부장이 되면 기본적으로 책을 한두 권 쓰는 게 보편화되어 있다. 책을 쓰다 보면 전문가가 된다. 누군가에게 자기 일을 소개하기 위해서는 끊임없이 공부하고 뭔가를 찾아보기 때문이다. 책은 현직에 있을 때 써야 한다. 지식에도 유통기간이 있기 때문이다. 하지만 불행하게도 아직 한국에서는 현직에 있는 사람이 책 쓰는 것을 부정적인 눈으로 본다. '책 쓸 시간이 있는 것 보니까 참 한가하구나.'라고 생각한다. 절대 그렇지 않다.

요즘 지식 나눔이란 말을 많이 한다. 참 바람직한 현상이다. 여러분들은 이미 특정 분야의 전문가다. 책 쓰기는 가장 바람직한 지식 나눔이다.˙

˙ 양병무의 『일생에 한 권은 책을 써라』 요약본입니다

하루키처럼 규칙적으로 운동해라

지금의 나는 어떻게 만들어졌을까? 부모와 친구, 학교 교육, 그동안 만난 사람들, 아내와 가족 등 수많은 요인이 있지만 내가 읽은 것에 의해 내가 만들어졌다는 건 부인할 수 없다. 스티븐 코비, 피터 드러커가 가장 큰 영향을 미쳤지만 소설가 무라카미 하루키도 글쓰기와 운동에 관해 내게 큰 영향을 끼쳤다. 그는 참 쿨하다. 1949년생이지만 전혀 할아버지 같지 않다. 생각은 웬만한 청년보다 훨씬 젊고 생기가 있다. 일본인 같지 않은 일본인이다. 실제 그는 일본 사람들의 시기와 질투를 피해 외국에서 생활을 많이 했고 글도 일어가 아닌 영어로도 썼다. 일본인들의 통념과 관념에 도전해 뜻밖에 일본에는 그를 씹는 사람이 많고 오히려 나 같은 외국 팬들이 많다. 난 그가 쓴 소설보다는 수필을 많이 읽으면서 그를 따라 하려고 많이 노력하고 있다.

내가 글을 쓰면서 꾸준히 운동하게 된 데는 그의 영향이 컸다. 그는 처음부터 전업작가가 된 건 아니다. 『73년의 핀볼』에 이어 세 번째 작품 『양을 쫓는 모험』을 쓴 뒤 전업작가가 되기로 하고 생업으로 운영하던 재즈바를 처분했다. 그가 생각하는 작가의 조건은 자질과 집중력과 지구력이다. 선천적 자질은 어쩔 수 없지만 집중력과 지구력은 훈련으로 체득할 수 있다. 그는 담배를 끊고 밤 외출을 단념하고 시간과 에너지를 효율적으로 배분하는 엄격한 자기관리를 시작했다. 하루키는 "글을 쓰는 것은 두뇌노동이지만 한 권의 정리된 책을 완성하는 것은 육체노동이다."라고 말한다. 그는 지구력 기르는 데는 달리기가 최고라고 생각하고 33세가 된 1982년부터 지금까지 해마다 한 번 이상 마라톤 풀코스를 달려왔다.

하루키는 본인이 달리는 이유에 대해 다음과 같이 설명하고 있다. "젊었을 때 뛰어나게 아름답고 힘 있는 작품을 쓴 작가가 어느 연령대에 접어들어 급격하게 피폐해지는 일이 있다. 문학적 조로, 독특한 피로 현상, 문학적 위축, 창작 에너지의 감퇴는 체력이 몸 안의 독소와 싸워서 이길 수 없게 된 결과가 아닐까?"

그는 그런 현상을 피하고 싶어 달렸고 경이적인 체력을 유지하고 있다. 그는 달리기 외에 수영과 사이클링을 하는 3종 경기에도 몰두하고 있다. 달리기에 대해서도 다음과 같이 고백한다. "마지막 단계에서는 육체적 고통뿐 아니라 내가 누구인지, 지금 무엇을 하고 있는지조차 머리에서 사라진다. 참으로 이상한 기분이다. 그 상태에서는 달린다는 행위가 거의 형이상학적 영역이 이른다. 행위가 먼저 있고 거기에 그 행위에 딸린 것 같은 존재로 내가 있다. 나는 달린다. 고로 나는 존재한다."

그가 달리는 이유는 문학적 조루 현상을 방지하기 위해서다. 젊었을 때 잘 쓰다 어느 순간부터 피폐해지는 작가가 되고 싶지 않았기 때문에 그렇게 열심히 운동하는 것이다. 육체가 시들면 정신도 시든다. 소설의 마지막 부분은 자동차 사이드브레이크를 힘껏 당긴 채 언덕길을 오르는 것 같다. 울트라 마라톤 뒷부분과 비슷하다. 글쓰기도 그렇다. 생각해서 쓰는 게 아니다. 쓰면서 생각한다. 생각한 것을 쓰는 것이 아니라 쓰면서 생각하는 것이다. 그는 또 리듬을 중시한다. 더 쓸 수 있을 때도 과감하게 펜을 놓는다. 그렇게 하면 다음날 집필을 시작할 때 편해지기 때문이다. 꾸준히 계속하는 것, 리듬을 단절하지 않는 것은 장기적인 작업을 하는 데는 필수적이다. 그래서 그의 묘비명은 '무라카미 하루키 1949~. 작가 그리고 러너. 적어도 끝까지 걷지는 않았다.'이다. 꾸준함이 그만큼 중요한 것이다.

글이란 무엇일까? 글은 그 사람이다. 글이란 자신의 정체성을 드러내는 일이다. 나 역시 그러하다. 내가 글을 쓰는 이유 역시 글을 통해 나 자신을 표현하고 싶은 것이다. 하루키는 거침없이 자신을 잘 드러낸다. 그래서 난 그를 좋아한다. 그는 자기와 비슷한 사람으로 음악가 오자와 세이지를 꼽는다. 심지어 자신과의 몇 가지 공통점을 얘기하는데 그가 어떤 사람인지를 대충 짐작할 수 있다.

"첫째, 일하는 것에 한없이 순수한 기쁨을 느낀다. 그는 음악, 난 문학으로 각자 영역은 달라도 자기 일에 몰입할 때 가장 행복하다. 일에 몰입할 수 있다는 사실에서 깊은 만족감을 얻는다. 일을 통해 무엇을 얻느냐는 것도 중요하지만, 집중해서 일할 수 있다는 것, 시간을 잊고 그 일에 전념할 수 있다는 것, 그 자체가 무엇과도 바꿀 수 없는 큰 보상이다.

둘째, 지금도 젊었을 때처럼 굶주린 마음을 갖고 있다. 더 깊이 추구하고 싶고, 좀 더 앞으로 나아가고 싶은 것은 삶에 있어 중요한 모티프다. 오자와 씨의 언동을 보고 있으면 탐욕스러움이 생생하게 느껴진다. 자신이 하는 일에 대해 자부심이 있지만 절대 만족하지 않는다. 좀 더 훌륭한, 좀 더 심오한 것을 할 수 있을 거라는 감촉이 있다. 어떻게든 그걸 이루어내겠다는 결의가 느껴진다.

셋째, 고집이 세다는 점이다. 끈기가 있고 터프하고 고집스럽다. 자신이 하고자 하는 일은 누가 뭐라 하건 밀고 나가야 한다. 그로 인해 좋지 않은 결과가 닥쳐도, 설령 다른 사람에게 손가락질당하고 미움받는 한이 있더라도 변명하지 않고 자기 행동에 대한 책임을 진다. 원래부터 꾸밈없는 성격에 늘 농담을 입에 달고 살고 그런 한편으로 주위를 세심하게 살피는 사람이지만, 그런 우선순위를 매기는 방식은 매우 확고하다. 일관되고 흔들림이 없다. 적어도 내 눈에는 그렇게 보였다."

지금까지 살아온 인생의 과정에서 다양한 사람을 만났고 경우에 따라 어느 정도 깊이 사귀기도 했다. 하지만 이 세 가지 점에 대해 이 정도로 '그래, 정말 그렇지.' 하고 자연스레 공감한 사람은 처음이었다. 그런 의미에서 오자와 씨는 내게 귀중한 사람이다. 이런 사람이 분명히 세상에 있다고 생각하면 어쩐지 마음이 놓인다.

박완서처럼 연민의 눈으로 보아라

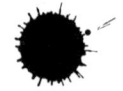

　내가 제일 좋아하는 작가는 단연 박완서 선생이다. 거의 모든 소설과 수필을 다 읽었다. 소설과 수필 외에 그녀가 서울대학교에서 한 강연집도 읽고 그녀를 인터뷰한 작가들의 글을 묶은 책도 사 읽었고 그녀의 딸이 쓴 책도 사서 읽었다. 그만큼 그녀의 모든 걸 알고 싶었기 때문이다. 아마 앞으로도 박완서란 이름이 들어간 책이 있으면 무조건 사서 읽을 것이다. 그녀 덕분에 난 개성이란 동네를 좋아하게 되었고 통일이 되면 개성의 박적골도 가보고 싶다. 그녀의 솔직함, 예민한 감수성, 사람을 대하는 방식 모두 내가 닮고 싶은 부분들이다. 무엇보다 난 그녀처럼 따뜻하면서도 반듯하고 통찰력 있는 글을 쓰고 싶다.

어떻게 그녀는 글을 쓰게 되었을까? 책에서 그녀는 이렇게 고백한다. "6.25전쟁의 모진 경험을 하면서 힘이 되었던 것은, 내가 이것을 잊지 않고 기억했다가 언젠가는 글로 쓰리라 하는 생각이었다. 내 눈에 인간 같지도 않은 인간 밑에서 버러지처럼 기어야 하는 상황이었다. 그때 내가 미치지 않고 온전한 정신으로 살아남을 수 있었던 비결은 '그래, 언젠가는 이걸 소설로 쓰리라. 이거야말로 나만의 경험이 아닌가.' 하는 생각이었다. 그건 집념하고도 달랐다. 꿈하고도 달랐다. 그 시기를 발광하지 않고 살아남을 수 있는 유일한 방법이었다. 정신의 숨구멍이었고 혼자만 본 자의 의무감이었다. 전쟁이 끝나고 세상이 살 만해지고 나 또한 보통사람으로서의 무사안일을 누리는 동안 그건 짜릿한 예감이 되어 나의 안일에 잠복해 있다가 발병처럼 갑자기 망각을 들쑤석거리곤 했다."

그녀가 서울대학교 국문과를 들어간 그 해 전쟁이 일어나고 3일 만에 빼앗긴 서울에서 그녀는 온갖 수모를 당한다. 전쟁이 그녀의 삶을 짓밟은 것이다. 하나뿐인 오빠가 반은 미쳤고 집안은 쑥대밭이 되는데 소설의 여기저기에 그녀의 삶이 그려진다. 그 전쟁의 상처가 그녀를 소설가로 만들어준 것이다. 만약 전쟁이 나지 않고 그녀가 서울대를 나와 좋은 집안에 시집 가 아들딸 잘

낳고 살았다면 오늘날의 박완서는 존재하지 않았을 것이다.

왜 소설가가 되었을까에 대한 그녀의 설명을 조금 더 들어보자. "그때 내 마음에 섬광처럼 번득이는 게 없었다면 아마 그 시절을 제정신으로 버텨내긴 어려웠을 것이다. 번득이는 섬광은 언젠가는 저자들을 등장시켜 이 상황을 소설로 쓸 것 같은 예감이었다. 예감만으로도 그 인간 이하의 수모를 견디는 데 힘과 위안이 되었다. 훗날 소설로 쓰기 위해 낱낱이 기억하려 했고 몸은 기우면서도 마음은 최소한의 자존심이나마 포기하지 않고 고개를 빳빳이 세우려고 했다. 그때 나는 문학을 하고 싶었던 게 아니라 복수를 하고 싶었던 것이다. 나를 달구었던 것은 창작욕이 아니라 증오였다. 복수심과 증오는 세월의 다독거림으로 위무받을 수 있을 뿐 섣불리 표현되어선 안 된다는 걸 차차 알게 되었다. 상상력은 사랑이지 증오가 아니기 때문이다. 그때의 치 떨리는 경험이 원경으로 물러나면서 증오가 연민으로, 복수심이 참고 이해하는 마음으로 바뀌면서 비로소 소설을 쓸 수 있었다." 처음에는 복수하는 마음으로 글을 쓰려고 했는데 시간이 지나면서 그게 연민으로 바뀌면서 글을 쓸 수 있게 되었다는 것이다.

무엇보다 흥미로운 건 박수근과의 만남이다. 그녀는 전쟁 때 PX에서 일했는데 하는 일 중 하나가 미군을 설득해 초상화를 그리게 하고, 이를 화가와 연결해 대가로 팁을 받았는데 박수근도 그 중 하나였다. 그녀는 박수근이 별 볼 일 없는 화가라고 생각했는데 나중에 그가 대단한 화가라는 사실을 알게 된다. 이 사건은 그가 소설가가 되는 터닝포인트가 된다. 관련한 그녀의 고백이다. "박수근과의 만남. 말을 나눌 수 있는 사람이 주위에 여럿 있다는 것만으로도 따뜻한 위로가 되었고 전쟁 중 만났던 꼴사나운 사람들에 대한 복수심까지 없어졌다. 그랬다가 『나목』을 쓰게 된 것은 박수근 화백이 돌아가셨다는 말을 듣고 또 그분이 점점 유명해진 후 그분의 유작전을 본 후였다. 1969년인가? 그분 그림을 처음으로 보면서 6.25전쟁 때 내가 어떻게 살았나 쓰고 싶었던 생각은 다 없어지고 그분에 대해서, 그분이 어떻게 살았는지에 대해서 쓰고 싶은 마음을 억제할 수 없더라. 그래서 내가 맨 처음에 쓴 것은 소설이 아니었다."

전쟁이 박완서를 만들었지만 사실 그녀는 소설가로서 좋은 환경을 가졌다. 그녀의 고백이다. "우리 집이 다른 집과 다른 점이 있다면 사랑방에 책이 많다는 거였다. 나는 이렇듯 이야기가 풍부한 집안에 태어난 걸 어떤 부잣집에 태어난 것보다 큰 복으로 알고 감사하고 자랑스럽게 생각한다. 서정주의 시에서 빌어 한마디 하자면 나를 키운 건 팔 할이 이야기였다. 어머니는 이야기꾼이었다. 동네 아낙들은 편지를 쓸 일이 있으면 우리 집에 왔는데 그들이 불러주면 어머니는 그것을 받아 적었다. 어머니는 다 쓰고 나서 그것을 읽어주셨는데 그때 신기했던 게 자기 얘기를 들으면서 새댁들이 다 옷고름으로 눈가를 훔치면서 우는 거였다. 그때 이야기가 지닌 힘 같은 것을 느낀 것 같다. 분명히 자기가 한 얘기를 엄마가 받아 썼을 텐데 왜 울까? 그때 말과 글의 차이를 느꼈던 것 같다." 많은 책과 타고난 스토리텔러인 어머니, 말과 글의 차이를 느낀 점 등이 위대한 소설가를 만든 것이다.

글쓰기 관련해 그녀에게 영향을 준 두 사람이 있다. 한 분은 『토지』의 박경리이고 다른 한 분은 숙명여고 박노갑이다. 역시 그녀의 고백들 들어본다. "박경리 선생을 보면서 나도 저렇게 살리라고 마음먹었던 것 중 하나가 육체노동이다. 육체노동은 다른 사람에게 시키고 정신노동을 더 중요하게 여기는 것 같은 풍토에서 균형 잡힌 인간상은 실생활 속에 육체노동과 정신노동이 조화된 인간이라 생각한다. 박경리 선생은 육체노동을 많이 했다. 나는 이것을 정신노동의 휴식으로 삼는다. 또 육체노동의 고단함을 달래주는 것이 정신노동이다. 진짜 건강한 인간은 몸을 움직여 결과를 보는 일을 천하게 여겨서는 안 된다. 정신 노동하는 사람에게 육체노동이 중요하듯 공장에서 일하거나 농사 등

육체노동을 주로 하는 사람도 틈틈이 책을 읽거나 음악이나 미술 등을 감상함으로써 정신의 기쁨을 느낄 수 있다면 이상적인 인간상이 될 것이다." 육체와 정신의 균형, 이 얼마나 중요한 깨달음인가? 글을 쓰는 사람은 육체적인 일을 해야 하고 몸을 움직이는 사람은 글을 봐야 한다.

박노갑 선생에 대한 고백도 인상적이다. "창작시간에 선생님이 진저리치며 싫어하는 것이 우리 또래들이 경험의 무게가 실리지 않은 허황하고 감상적인 미사여구를 쓰는 것이다. 너희 경험에서 나온 것을 써라. 쓸 게 생겼다고 금세 쓰지 말고 속으로 삭여라. 이런 얘기를 주로 하셨다. 포도주 만들 때 뭐가 필요한지 아느냐는 질문도 던졌다. 포도, 설탕, 소주 등 얘기를 했는데 선생은 시간이라고 답했다. 포도주는 포도를 버린 것이 땅에 고여 시간이 지나 발효하여 술이 된 것을 발견한 것이다. 포도주가 되기 위해서는 시간이 필요하다. 또 아아!! 오오!! 따위의 감탄사를 쓰는 것을 싫어했다. 감동해서 쓰고 싶은 것이 생기면 속에서 삭여 그것이 발효되면 쓰지 않을 수 없는 시기가 온다. 폭발이 일어난다. 그것이 안 되고 잊혔다면 그 소재는 포도가 아니었을 것이다." 박노갑 선생이 가르쳐준 것은 숙성의 중요성이다.

글쓰기에 관한 스승은 이청준이다. 그녀의 고백이다. 그때나

이때나 책을 많이 읽는 편이다. 활자 중독이라 해도 과언이 아닐 정도로 주위에 읽을 책이 없으면 불안하고 닥치는 대로 읽고 건지는 것도 있지만 잊어버리는 게 더 많다. 다른 책은 빌려주지만 이청준의 처음 책은 아무도 안 빌려주고 여태까지 귀하게 간직하고 있다. 초심에 대한 그리움 때문이다. 그는 글쓰기의 스승이다. 평론가 김현이 『별을 보여드립니다』에 붙인 해설에 의하면 '그의 문장은 감정과 느낌을 될 수 있는 한 극단까지 절제하여 독자들에게 작가의 감정적 개입을 느끼지 않게 하려는 의도로 치밀하게 쓰여 있다. 그는 윤리적이고 고전적인 문체를 사용하여 자신을 감출 수 있는 한도까지 감춘다'고 했다. 그에 비해 나는 작중인물에 감정적으로 개입하고 안달이 나서 쓰는 작가이다.

 마지막은 말년의 그녀 얘기다. "40세에 첫 소설을 쓰고 나서 다시 40년 가까이 더 살았으면서도 나는 내가 아직도 충분히 젊다고 생각하는데 그것도 이야기의 힘이라고 생각한다. 여기서 젊다는 건 체력이나 용모를 말하는 것이 아니라 좋은 것을 좋다고 느낄 수 있는 감수성과 옳고 그름을 분별할 줄 알고 옳지 못한 일에 분노하고 부조리에 고뇌할 수 있는 정신의 능력을 말한다. 이런 정신의 탄력을 유지할 수 있는 비결은 사람에 따라 다르겠지만 내 경우는 글쓰기가 아닌가 싶다. 글을 쓸 때 늙었다는 것은 속도가 느려졌다는 뜻이 아니라 감수성이 경직되고 진부해졌다는 것이다. 내 감수성이 진부해지지 않도록 나름 노력을 많이 한다. 어떻게 노력하느냐 하면 좋은 글을 많이 읽는다. 예술 분야도 자주 접한다. 좋은 것을 보면 감동할 수 있는 것 이게 감수성이다. 감동이 없다면 이 세상을 어떻게 사는가?"

난 딱 한 번 세종문화회관 옆 다방에서 박완서 선생을 본 적이 있다. 여러 지인과 함께 있어 얘기를 걸 수 없었는데 시간을 돌릴 수 있다면 과감히 인사하고 내가 얼마다 당신을 좋아하고 존경했는지, 당신 같은 소설을 쓰고 싶었는지, 당신 삶이 얼마나 내게 큰 영향을 주었는지 꼭 고백하고 싶다.

구본형처럼 고민하는 문제를 써라

책에도 궁합이 있는 것 같다. 좋은 궁합이란 필요한 때 필요한 것을 제공하는 책이다. 구본형 소장이 1999년 쓴 첫 책 『익숙한 것과의 결별』이 내겐 그런 책이다. 당시 난 대기업 임원 자리를 그만두고 작은 컨설팅 회사에 다니고 있었다. 안정된 직장을 나와 이름도 없는 작은 회사에서 쥐꼬리만한 월급을 받으며 고군분투하고 있었다. 공학박사란 타이틀도 버리고 컨설팅을 해보겠다고 뛰어들었지만 앞은 보이지 않았다. 더러워도 좀 참고 있을 것 그랬나, 괜히 쓸데없이 똥고집을 피우는 건 아닌가 하는 복잡한 심경으로 하루하루를 살고 있었다.

그때 만난 이 책은 내게 찬란한 광명 그 자체였다. "배에서 불이 나 훨훨 타고 있다면 어떻게 할 것인가? 같이 타 죽을 것인가? 아니면 뛰어내릴 것인가? 배에 계속 있으면 확실히 죽는다. 뛰어내려도 죽을 수는 있지만 살 확률도 있다. 그러니 과감히 뛰어내려라." 한 마디로 변화하면 살고 변화하지 않으면 죽는다는 것이다. 그 책을 읽고 대기업을 뛰쳐나온 내 결정이 옳다는 생각을 했다. 지금 비록 고생은 하고 있지만 지금의 고생은 변화에 따른 비용이라고 자위했다. 20년이 지난 지금 생각해도 그때 구 소장이 쓴 그 책이 내겐 큰 축복이었다. 그런 인연으로 두 번이나 만나 밥도 얻어먹고 막걸리도 마셨다. 내가 주최하는 강의에 그를 초청하기도 했다. 돌아가시기 전에는 북한산에 집을 샀다며 그렇게 집 자랑을 했는데……. 너무 젊은 나이에 돌아가셨다. 그래도 훌륭한 제자들을 많이 두었고 그중 몇몇은 가끔 만나 얘기를 나눈다. 무엇보다 구 소장의 글쓰기에서도 배울 점이 많다.

그는 글쓰기에 대해 어떻게 생각할까? 그의 고백을 옮겨본다.

"재능은 신의 영역이다. 주어진 것이다. 주어진 패를 바꿀 수는 없다. 그 패를 갖고 놀아야 한다. 나는 1997년 휴가를 내고 한 달간 단식을 한다. 어느 날 마음속에서 글을 써야겠다는 외침을 듣는다. 그리고 낸 책이 『익숙한 것과의 결별』이다. 내게 글은 강과 같다. 나는 새벽에 작은 보트 하나로 그 강을 따라 내려간다. 아무도 없다. 혼자이기에 그동안 보지 못했던 것들을 볼 수 있다. 나는 두려워진다. 동시에 세속에서 배웠던 모든 것을 버리고 새로워지는 경험을 했다. 아무에게도 말할 필요가 없다. 내 말을 들어줄 누군가가 꼭 옆에 있는 건 아니다. 그러나 혼자이기에 나를 둘러싼 모든 것에게 말을 걸고 그들의 소리를 들으려 한다. 의식이 강물을 따라 흘러가는 동안 온갖 것을 창조해낸다. 새로운 것들이 강물 속에서 강가의 나무와 풀숲에서 두 눈을 반짝이고, 물고기가 한 마리 물 위로 튀어 오르기도 한다. 이때 나는 내 무의식과 만난다. (…중략…) 매일 아침 나는 스스로 훈련한다. 아침에 일어나 불가능한 일 하나를 꿈꾸기 시작한다. 그것은 어제 꾸었던 꿈의 연장일 때도 있고 불현듯 떠오른 다른 꿈이기도 하다. 어쨌든 나는 현실이 아닌 비현실 하나를 믿는 훈련을 해본다. 내 마음대로 해볼 수 있는 세상 하나를 창조해보는 연습을 한다. 그러면 훨씬 괜찮은 글을 쓸 수 있다. 이상하지만 이런 정신적 근육훈련이 나를 젊게 만든다. 젊은 사람들이 부르는 노래를 따라 부르지 않아도 열린 마음을 가진 젊은 정신을 가지고 있다는 걸 믿게 된다. 이야기를 통해 의미를 전달하는 것, 이게 내 직업이다."

    그는 평생 15권의 책을 썼다. 2년에 3권꼴로 썼다. 새 주제를 끌어가는 힘이 능력이다. "전하려는 메시지를 엄청난 독서에서 얻어낸 근거로 정리하기 때문에 내용이 상투적이거나 뻔하지 않으면서 설득력을 지닌다." 그 역시 몰아 쓰지 않고 매일 일정량을 쓴다. 원고는 거의 완성이 된 다음에야 출판사를 정해 보여준다. 약속은 최소화하고 강연 요청도 월 10회 정도로 제한한다. "지나친 대중성에 호소하지 않는 대신 나를 좋아하고 이해하는 사람들에게 적절한 평가를 받는 것이 목표다." 자신을 갈고닦는 최선의 방법은 역시 독서다. 우선 저자 파악이 가장 중요하다. 읽기 전 그 사람에 대해 한두 시간 검색해본다. 어떤 경력, 어떤 생각을 하는 사람인지 읽으면서도 대화를 한다. 내가 저자라면 이런 사례를 썼을까? 이런 소제목을 달았을까? 책을 읽으면서 질문을 해봐야 처음에 몰랐던 고민이 보인다. 깊이 읽기 방법이다. 읽은 다음에는 인용할 글귀를 메모한다. 될 수 있으면 읽은 책과 관련한 칼럼을 쓴다. 그는 평범할수록 자신의 이야기를 스스로 쓸 수 있어야 한다고 주장한다. 유명한 사람이야 대신 써줄 사람이 줄을 섰지만 평범한 사람은 자기 외에 써줄 사람이 없기 때문이다. 결국 쓰기는 사라지느냐 남느냐의 문제다. 쓰면 남을 것이고 쓰지 않으면 잊힐 것이다. 그는 자기가 고민했던 문제, 해결하려 했던 문제를 책으로 쓴다. 그가 40대에 한 일들은 자신을 구하기 위한 발버둥이었다. 그 과정에서 그가 얻은 "내가 변해야 한다. 내가 나를 이해야 한다."는 교훈을 책으로 썼다.

마지막으로 그가 생각하는 책에 관한 철학이다.

첫째, 우선 마음속에 간절히 쓰고 싶은 것이 있어야 표현에 힘이 실린다. "언젠가 변화 경영에 대한 좋은 책을 써 보아야겠다."는 마음을 오래전부터 생각하던 차에 쓴 책이 『익숙한 것과의 결별』이다. 정말 간절하게 하고 싶은 말이 많았다. 둘째, 많이 읽어야 한다. 많이 읽어야 많이 생각하게 된다. 그래야 자신만의 언어와 표현을 할 수 있다. 셋째, 많이 써보아야 한다. 책을 쓰는 것 자체가 하나의 실험이고 배움의 과정이다. 불완전한 책을 내는 것이 내가 가장 잘 배우는 방법이다. 어떤 주제에 대해 1년 동안 배우고 생각하고 익힌 것을 정리하여 표현하는 것, 이것이 나의 학습 방법이다. 넷째, 영원히 초보의 자세를 유지해야 한다. 간혹 책 몇 권 내고 그 분야의 중견이 되어버린 사람이 많이 있다. 배움에는 중견이 없다. 늘 초보만 있을 뿐이다. 잊을 때마다 매번 붙들어 세워야 하는 것이 초심이다. 글 쓰는 것 역시 세상을 사는 것이며 다른 일을 할 때와 다른 것이 아니다.

사람은 가지만 글은 남는다. 그가 그리울 때 난 가끔 그가 쓴 책을 꺼내 읽는다. 기억나는 사람으로 남고 싶은 자 글을 써라.

명사들처럼 새로운 사람을 만나라

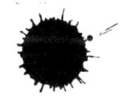

수많은 사람이 글쓰기에 대한 자기의견을 갖고 있다. 그중 내가 좋아하는 몇 사람을 골라 그들의 생각을 전한다. 첫째는 조용헌이다. 오랫동안 조선일보에 칼럼을 쓰고 있는데 짧지만 새로운 정보를 주고 남들과 다른 시각을 갖고 있어 글 읽는 재미가 쏠쏠하다. 그의 주장을 들어보자.

이야기꾼은 삐딱해야 한다. 평범한 사람을 만나면 상상력이 준다. 문필업은 기본적으로 반항적 기질이 있어야 한다. 말은 교육과 훈련 없이도 잘할 수 있지만 글쓰기는 다르다. 집중적인 훈련이 있어야만 한다. 인재감별 기준에 신, 언, 서, 판이 따로 있는 것을 봐도 알 수 있다. 서는 서체를 의미하기도 하지만 넓게 보면 그 사람의 문장이다. 문장에는 그 사람의 기질적 특성과 세계관이 녹아 있게 마련이다. 나는 글을 쓸 때마다 염두에 두는 규칙이 있다. 하나의 생각은 하나의 문장에 집어넣는다. 짧아야 쉽게 읽힌다. 관계대명사가 많이 들어가는 문장은 복잡해서 싫다. 문장을 짧게 쓰려면 복잡한 내용을 압축하고 정리해야 한다. 말처럼 쉽지 않다.

글을 쓰기 위해서는 평소 떡밥을 깔아놓아야 한다. 첫째, 책과 자료를 섭렵하는 일이다. 이게 가장 기본이다. 둘째, 현장을 직접 답사하는 일이다. 숨은 그림이 보이면서 확신이 든다. 셋째, 전문가와 토론을 해본다. 그럼 옥석이 걸러진다. 마지막은 혼자 두 시간씩 들판을 걸으면서 사색을 해야 한다. 자료, 답사, 전문가, 사색의 프로세스다. 그럼 한 편의 칼럼이 써진다. 칼럼 소재는 다시 두 가지로 분류된다. 기존자료에 있는 내용을 해석한 칼럼은 통조림이다. 현장답사를 통해 보고 들은 내용을 쓰는 것은 자연산이다. 글은 자연산이 좋다. 표절 시비가 있을 수 없다. 자연산 주제는 선행연구가 없다. 내가 최초로 쓰기 때문에 내 마음대로 쓰면 된다.

여기부터는 내 생각이다. 내가 생각하는 글쓰기 철학과 많이 비슷하다. 나도 그와 비슷한 경로로 시상을 떠올린다. 책을 읽고 새로운 사람을 만나고 현장을 눈으로 확인한다. 책을 읽고 거기에 코멘트를 다는 통조림 식의 책도 쓰지만 나만의 자연산 글도 쓴다. 그는 스스로를 이야기를 수집하는 채화가採話家라고 하는데 나 역시 그러하다. 이러저러한 일로 만나는 수많은 사람이 내겐 보물창고와 같은 존재다.

다음은 서강대 철학과의 최진석 교수다. 그는 다양한 동양철학을 쉽고 호소력 있게 전달하는데 글도 괜찮다. 그는 이렇게 생각한다. 글을 쓰면서 사람들은 자신과 대면한다. 글이 잘 써지지 않는 것은 자신이 잘 드러나지 않는 것이고 글이 잘 써진다는 것은 바꿔 말하면 자신이 잘 드러나고 있다는 뜻이다. 또 다른 하나는 운동이다. 인간은 운동해야 한다. 숨이 목까지 차올라 옅은 피 냄새가 올라올 정도까지 죽어라 달려봐야 한다. 한 발짝만 더 뛰면 죽을지도 모르겠다는 생각이 들 때 한 발짝을 더 떼봐야 한다. 그러면서 자기 코를 통해 나오는 땀 냄새를 맡아야 한다. 이때 영혼은 자신으로 가득 찬다. 이때 자신을 느낄 수 있다. 운동을 통해 자신을 만난다. 한계 속에서 자신을 만난다. 자기를 몸으로 느낄 때가 가장 현실적이다. 운동은 단순히 체력을 기르기 위해서 하는 게 아니라 자기를 대면하는 극적 장치다. 마지막은 낭송이다. 글 읽는 소리가 마을마다 울려 퍼졌다. 낭송하면 읽은 내용이 육체적인 감각을 건드려 내면화된다. 육체적 내면화다. 체득되지 않은 지식은 머릿속에 잠시 머물다 사라져 버린다. 아무 변화를 일으키지 못한다. 낭송이 사라졌다는 건 글 읽는 과정에 정신만 사용하고 육체를 사용하지 않는다는 것이다.

여기부터는 내 생각이다. 글쓰기와 운동을 양대 축으로 하고 있다는 것이 공감대를 준다. 나 역시 글쓰기를 하다 지치면 운동을 하는데 둘은 서로 보완한다. 글을 쓰다 지치면 운동이 힘을 주고 운동하다 지치면 글쓰기가 도움을 준다. 헬스와 글쓰기는 내 삶의 양대 축이다.

한양대 정민 교수 또한 내가 좋아하는 저자다. 그의 주장이다. 나는 왜 이렇게 열심히 책을 쓰는가? 그거보다 더 즐거운 게 없기 때문이다. 지식을 통한 창조의 욕구는 묘한 쾌감을 동반한다. 어떤 정보를 하나 찾으면 그 뒤로 연관 정보들이 줄 서서 대령하고 있던 것처럼 계속 나온다. 심지어 글을 쓰다가 피곤해서 무심코 아무 책이나 집어 들어 펼쳤는데 논문과 관련된 페이지나 막힌 생각을 뚫어주는 힌트가 들어 있는 대목이 나올 때도 있다. 자주 그렇다. 그럴 때는 정말 소름이 쫙 끼친다. 난 전달력을 최우선으로 한다. 아름다움은 중시하지 않는다. 형용사와 부사를 최대한 줄이고 접속사를 피해 문장을 나눈다. 리듬과 언어의 경제성을 중시한다. 일단 쓴 글을 다시 매끄럽게 다듬는 방법으로 낭독을 중시한다. 읽다가 멈추는 곳은 뭔가 잘못된 것이다. 공부의 부산물이 책이다. 책을 쓰면서 생각을 정리한 것이 다시 공부로 이어진다. 저녁 식사를 마치고 12시까지 글을 쓴다. 가장 좋아하는 시간은 주말이다. 종일 작업을 할 수 있기 때문이다.

어떤 이는 글쓰기가 고통이라고 하는데 정민 교수는 다르다. 나 역시 글쓰기가 별로 고통스럽지 않다. 고통은커녕 내겐 큰 기쁨이다. 새벽에 일어나 어제 준비한 글감으로 글을 쓸 때 느끼는 기쁨은 말로 표현하기 어렵다. 새로운 걸 깨닫고, 의외의 생각이 떠오르면 그걸 구슬처럼 잘 꿰어 하나의 글을 쓰고 그게 묶여 책으로 만들어질 때 난 존재의 충만함을 느낀다. 여러분에게 글이란 무엇인가? 아무 상관이 없다면 지금부터라도 글을 삶의 파트너로 만들어보라.

5장

글쓰기
실천 방법들

일단 시작하라

 엄두를 내지 못한다는 말이 있다. 일이 너무 많아 어디부터 시작해야 할지 모를 때 혹은 집안이 너무 더러워 어디부터 치워야 할지 모를 때 쓰는 말이다. 글이 그런 것 같다. 글을 처음 쓰는 사람이 하는 말도 바로 엄두란 말이다. 글을 쓰고 싶긴 한데 어디서부터 어떻게 시작해야 좋을지 엄두가 나지 않는다고 말한다. 당연히 그럴 것이다. 글을 쓰기 시작할 때, 글을 쓰고 싶을 때 가장 어려운 것이 바로 시작이다. 그게 가장 어렵다. 일단 시작만 하면 그다음은 어떻게든 진행이 되는데 그 첫 줄이 가장 어렵다. 글쓰기 관련해 내가 하고 싶은 제1의 조언은 "준비가 됐건 되지 않았건 책상에 앉아 일단 시작하라."는 것이다. 자료가 있건 없건, 프레임이 있건 없건, 소재가 있건 없건 일단 책상에 앉아 쓰기 시작하라는 것이다. 그럼 나도 모르게 글이 써진다.

  시작이 가장 중요하다. 뭔가 알아서 글을 쓰는 게 아니다. 쓰다 보면 알게 되는 것이다. 전문가가 글을 쓰는 게 아니라 글을 쓰다 보면 전문가가 되는 것이다. 하버드대학교 최초의 동양인 석좌교수인 석지영도 비슷한 주장을 한다. "일단 시작하라. 과하게 높은 기대를 품지 말고 규칙적으로 글을 써라. 주제에 대해 다 알지 못하더라도 일단 글을 쓰기 시작하라. 확신이 서지 않는 단어라도 일단 써보고 내용에 대해 더 알게 되면 완전히 다시 써라. 쓰고 연구하고 읽고 다시 써라. 이 과정을 반복하라. 글쓰기는 배움의 한 방법이다. 학습을 마친 마지막 단계에 하는 것이 아니다. 글을 쓰겠다는 시도는 모든 것을 안다는 주장이 아니다. 글을 쓴다는 건 한 번에 조금씩 배우는 불완전한 과정을 겸손하게 인정하는 것이다. 나는 연구와 글쓰기를 통해 배우고 창조하는 일에 집중하며 나 자신을 단련하면서 환희를 맛보았다. 책상에 앉아 여러 가지 글과 생각을 훑으며 세심하게 일을 하는 시간이 너무 기다려졌다. 정말 너무 재미있다. 내게 글쓰기는 결코 쉽고 빠르게 할 수 있는 일이 되지는 못한다. 하지만 가장 즐거운 시간이다." 시작의 중요성과 글을 쓰면서 느끼는 기쁨 등에 관한 그녀의 느낌인데 글을 많이 써본 사람은 이게 어떤 느낌인지 알 수 있다. 난 그녀의 말에 전적으로 동의한다. 일단 시작하라는 것이다.

내가 좋아하는 작가인 말콤 글래드웰도 비슷한 얘기를 한다. "어떻게 글을 잘 쓸 수 있는가?"라는 질문에 이렇게 답한다. "시작이 중요하다. 답은 하나가 아니다. 몇 개의 시작을 만들어라. 그게 어떤 작품이 될지는 아무도 모른다. 내 아버지는 이해되지 않는 것이 있으면 거리낌 없이 질문했다. 잘 모르겠으니 쉽게 설명해달라고 요구하면서 알 때까지 계속 질문했다. 정확하게 알 때까지 질문하고 그걸 자기 삶에 적용하기 위해 치열하게 연구하고 고민하는 것이 글쓰기의 원천기술이다. 낮에 들은 것, 경험한 것, 생각한 것, 계획한 것, 뭔가 실행에 옮긴 것들 가운데 새벽 한 시가 됐는데도 여전히 얘기하고 싶어 입이 근질거리는 것이 있는가? 그게 엄청난 성공을 안겨줄 것이다." 그도 역시 시작의 중요성을 강조한다.

『행복론』이란 책을 쓴 스위스의 사상가이자 법률가인 카를 힐티 역시 시작의 중요성을 강조한다. "무엇보다 중요한 것은 과감한 시작이다. 책상 앞에 앉아 이제부터 일하겠다고 마음먹기가 가장 어렵다. 한 번 펜을 들어 첫 글자를 쓴다든가, 한 번 괭이를 들어 밭을 내리치면 그때부터 일은 수월하게 풀려나간다. 그런데 사람은 언제나 준비만 하면서 여간 해서는 시작하지 않는다. 우물쭈물하다가 마감이 가까워져 오면 이번에는 시간이 모자라 초조해하면서 정신뿐 아니라 육체까지 병들게 된다. 그리고 그것으로 인해 일은 또 방해를 받는다." 영감은 일에 몰두할 때 일어난다. 일은 초기 구상과는 늘 달라지게 마련이다. 미루지 말아야 한다. 컨디션이 좋지 않다느니, 마음이 내키지 않는다느니 하는 핑계를 대지 말고 매일 일정한 시간을 정해두고 일해야 한다.

  글은 내 안에 있는 것들을 밖으로 끄집어내는 일이다. 근데 글을 쓰기 전까지는 내 안에 뭐가 있는지 알 수 없다. 글을 쓰다 보면 처음 의도와는 완전히 다른 글을 쓰는 경우가 종종 있다. 나 아닌 다른 내가 나를 그렇게 유도하는 기분이다. 내 안에 이런 것들이 숨어 있었다니? 어떻게 내가 그런 글을 쓸 수 있었을까? 신기하기도 하고 나 스스로 내 글에 반하는 경우도 있다. 글을 쓰다 보면 분명 내 안에는 나 아닌 다른 존재가 있다는 믿음이 생긴다. 그래서 일단 글은 시작해야 한다. 쓰다 보면 머리가 서서히 달궈진다. 뭔가 나도 모르는 세계로 빠져든다. 근데 이런 느낌은 써보지 않은 사람은 절대 알 수 없다. 그러니 다른 생각 하지 말고 일단 써봐라. 그럼 내가 하는 말이 무슨 말인지 알 수 있을 것이다. 주의할 것 한 가지! 한두 번 시도해서는 알 수 없다. 적어도 몇 달은 일정한 시간에 일어나 몇 시간씩 글을 써야 그런 느낌을 알 수 있다.

지금 당장 써라

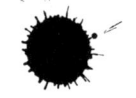

썸데이 네버 컴Someday never come. 언젠가는 영원히 오지 않는다는 말은 내가 자주 쓰는 말이다. 언젠가 하겠다는 사람치고 무언가를 하는 사람을 본 적이 없다. 언젠가라는 말은 게으른 사람들이 자신을 미화하기 위해 쓰는 말이다. 언젠가 글을 쓰겠다고? 그게 언젠데? 그런 날이 과연 오기는 올까? 자신도 속으로 알고 있다. 그런 날은 절대 오지 않을 거라는 걸. 모든 일이 그렇지만 글쓰기도 시작이 가장 중요하다. 모든 자료를 읽고 조사를 마칠 때까지는 아무것도 쓸 수 없다고 생각하지만 사실 그렇지 않다. 동시에 진행하는 것이 좋다.

아는 것을 쓰는 경우도 있지만 쓰다 보면 알아야 할 것, 새로운 생각이 떠오른다. 일단 자기 생각을 정리해야 한다. 이 주제에 대해 내가 무엇을 아는지? 어떻게 생각하는지? 왜 관심을 두게 되었는지? 무엇을 새롭게 깨달았는지? 기존 주장과 내 주장의 차이점은 무엇인지? 주제에 따라 생각이 많이 다르다. 꽤 많이 안다고 생각했는데 막상 쓰다 보면 별 게 없는 경우도 있고 반대로 아는 게 없다고 생각했는데 뜻밖에 아는 게 많은 경우도 있다. 그걸 바탕으로 새롭게 공부도 하고 자료도 모아야 한다.

  글은 현직에 있을 때 쓰는 게 좋다. 현직에 있는 사람 상갓집에는 사람이 몰린다. 현직에 있는 사람이 책을 쓸 때 사람들은 읽는다. 지식에도 유통기간이 필요하다. 근데 대부분 기업에서 글쓰기를 싫어한다. 이해할 수 없는 일이다. 기업 안에는 이미 전문가들이 숱하게 많고 이들은 글을 쓰고 싶어한다. 문제는 조직문화다. 은근히 글쓰는 걸 터부시한다. 왜 그럴까? 그걸 게으른 사람으로 간주하기 때문이다. "글쓸 시간이 있으면 일을 하지, 웬 글? 그렇게 한가해?" 하면서 글 쓰는 사람을 일 안 하는 사람으로 디스하는 것이다. 과연 그럴까? 그들은 일할 시간에 글을 쓰는 것일까? 그렇다면 글을 안 쓰는 사람이 일을 잘한다는 말일까? 그렇지 않다. 그들은 일할 시간에 글을 쓰는 게 아니라 틈틈이 시간을 내 자신이 업무 중 배우고 깨달은 걸 정리하는 것이다.

  그들은 글을 쓰면서 더욱 전문가로 발전할 것이고 결국 조직에 도움이 된다. 반대로 글을 쓰지 않는다는 건 어떤 의미일까? 일단 쓸 거리가 없는 사람이 대부분이다. 치열하게 고민하지 않고 그저 그런 시간을 보냈을 가능성이 높다. 남들과 비슷한 생각을 하면서 일했을 가능성이 높다. 또 글을 쓴다는 건 대외적으로 그 조직을 효과적으로 홍보하는 일이다. 권오현 부회장의 『초격차』란 책을 보면서 난 삼성전자란 조직을 재평가했다. 그냥 죽어라 일만 하는 회사인 줄 알았는데 역시 거기까지 오른 사람은 다르고, 삼성전자가 괜히 삼성전자가 아니란 사실을 인지하게 됐다. 특히 일정 직급에 오른 사람이나 특정 분야의 전문가로 명망이 있는 사람은 빨리빨리 자신이 아는 것, 일하는 방식, 하고 싶은 얘기를 그때그때 글로 풀어내는 게 본인을 위해서나 조직을 위해서나 사회를 위해서나 도움이 된다. 그들은 자신이 사회에서 배운 노하우를 사회를 위해 펼칠 의무가 있다고 난 생각한다.

  모든 일에는 다 타이밍이 있다. 글도 그런 것 같다. 따끈따끈할 때 써야 할 글이 있고 때론 묵은지처럼 숙성시킨 후 써야 할 글이 있다. 요즘 손자를 보면서 쓰는 육아일기는 그때그때 써야 한다. 그때의 느낌과 감정이 사라지기 전에 써야 한다. 하지만 대부분 글들은 숙성의 시간이 필요하다. 자료를 보고 생각을 정리하고 일부러 숙성의 시간을 갖는 게 유리하다. 난 대충 쓴 다음 몇 주 혹은 몇 달간 묵혀두기도 한다. 무의식의 힘을 빌리고 싶기 때문이다. 지금 쓰는 글쓰기 관련 글은 5년은 묵힌 것 같다. 그럼 처음 느낌과는 많이 달라진 그 무엇이 생긴다. 새로운 생각이 나는 경우도 있고 처음 생각이 불편해 없애는 경우도 있다.

무슨 얘기를 하고 싶은가? 언제쯤 쓰고 싶은가? 지금 쓰는 게 유리한가, 아니면 얼마간 묵힌 후 쓰는 게 괜찮을까? 언제 글을 쓰건 당신 자유지만 난 일단 시작할 것을 권한다. 시작하면 본인이 어떤 상태인지를 알 수 있기 때문이다. 주제파악을 할 수 있기 때문이다. 자신이 부족하다는 걸 느낄 수도 있고, 의외로 할 말이 많을 수도 있고, 제법 안다고 생각했는데 의외로 모르는 것이 많을 수도 있고…… 결과야 어떻게 되든 아예 시도하지 않는 것보다는 뭐라도 해보는 것이 낫지 않겠는가?

필사하라

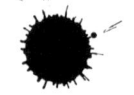

　나이가 들면서 기억력이 사라진다는 말을 많이 한다. 그런 측면이 있다. 기억날 만한 일이 없고 기억하려는 노력을 덜 하기 때문이다. 호기심도 사라지고 새로울 것도 없는 그렇고 그런 날을 보내기 때문이다. 근데 만약 새로운 눈으로 세상을 보고 낯선 것에 도전하거나 새로운 방식으로 정보를 접하면 어떤 일이 일어날까? 오히려 머리가 더 좋아지지 않을까? 기억력을 좋게 하는 방법의 하나가 메모 혹은 필사이다.

　글쓰기의 출발은 책 읽기다. 가능한 많은 책을 읽어야 한다. 건성으로 읽으면 안 된다. 눈으로만 보는 묵독은 읽은 후 빛의 속도로 기억이 사라진다. 책 소개를 직업으로 하면서 생긴 습관

중 하나가 필사다. 그냥 보는 게 아니라 책의 중요 내용을 독서 노트에 적고 이를 다시 지식냉장고에 옮긴다. 책에 메모하고 책 옆에도 중요 내용을 기록하는 노트를 둔다. 그냥 읽으면 아무것도 기억나지 않아 다시 읽는 일이 많았기 때문이다. 독서와 독서 후 필사는 내 중요한 리추얼이다. 그냥 책을 읽는 대신 읽은 내용을 다시 한 번 필사하는 것이 정말 필요하다. 필사는 나만의 주장이 아니다. 몇몇 사람의 예를 들어본다.

"글을 잘 쓰는 최고의 훈련법은 베껴 쓰기다. 글을 잘 쓰는 능력은 타고난 재능보다는 훈련이 좌우한다. 신경숙 작가나 윤태호 만화가는 훌륭한 작품들을 베껴 쓰기 하며 최고의 반열에 오르게 되었다. 베껴 쓰기는 글의 맛을 살리고 글이 전하는 메시지를 파악하며 제대로 된 글의 구조를 익힐 수 있도록 한다. 좋은 글을 쓰기 위해서는 먼저 좋은 글을 잘 읽을 수 있어야 한다. 눈으로 먼저 보고 손으로 다시 한 번 글의 구조를 파악하며 써 본다면 더없이 효과적인 글 읽기와 글쓰기의 훈련법이 되는 것이다. 글의 맛을 알게 되면 자신의 글을 쓰는데도 많은 도움을 받을 수 있다."『최고의 글쓰기 연습, 베껴 쓰기』저자 송숙희의 주장이다.

"눈으로 읽는 것과 필사하며 읽는 것은 엄청난 차이가 존재한다. 손으로 베껴 쓰는 문장은 온전히 나의 것이 될 수 있다. 눈은 시각 이미지를 만들 뿐이다. 손으로 쓰며 한 번 더 읽으면 시각 이미지와 더불어 그 문장을 감각적으로 몸에 저장할 수 있다. 글쓰기를 잘하려면 많이 읽고 많이 써보고 많이 생각하는 것이다. 다독, 다작, 다상량이다. 누구나 알고 있다. 필사는 바로 다독과 다작을 동시에 하는 효과가 있다. 필사는 좋은 학습법이다. "눈에 번쩍 띄는 시를 한 편 만났을 때, 짝사랑하고 싶은 시인이 생겼을 때 필사하는 일을 주저하지 마라." 시인 안도현의 주장이다.

일본의 노벨문학상 수상자 오에 겐자부로도 필사에 대해 이런 말을 했다. "어린 내가, 자기 마음에 든 책에서, 고전도 포함해서 한 구절을 옮겨 적는 습관을 들인 것은 무엇 때문일까? 우선 책을 사서 내 것으로 하기가 꽤 어려웠기 때문이다. 이웃 마을에 책방이 있었지만 새로운 책이 들어오지 않았다. 돈도 없었다. 그렇지만 역시 내가 종이에 글을 옮겨 적는 일을 좋아하는 소년이었기 때문이다. 몇 번씩이나 옮기면서 정확하게 익히려는 마음도 생겼다. 부정확하게 익히는 것은 익히지 않는 것보다 훨씬 나쁘다. 확실하게 익힌 것을, 그것도 재미있게 언제나 이야기 도중 집어넣을 수 있는 사람을 존경했다."

한양대 정민 교수도 저서 『책벌레와 메모광』에서 비슷한 주장을 한다. 이런 내용이다. "용서傭書인은 사례를 받고 그를 위해 책을 베껴 써주는 일을 하는 사람이다. 조선 후기까지 용서로 생계를 잇는 사람이 적지 않았다. 근데 남이 볼 책을 오랜 세월 베껴 써주다가 식견이 풍부해져서 학문의 안목이 열리는 수도 있었다. 다산이 강조한 공부법은 초서抄書다. 책을 베껴 쓰는 것을 말한다. 한 권을 통째로 베끼기도 하고 필요한 부분만 발췌해 옮겨 적기도 한다. 때로는 편집 지침에 따라 카드 작업하듯이 원하는 항목을 간추리는 작업도 시켰다. 그렇게 베껴 쓴 책을 수초 혹은 총서란 이름으로 묶어 정리했다. 각종 책을 베껴 쓴 개인 총서를 남겼느냐의 여부로 다산의 제자인지를 판별하는 근거로 삼아도 될 만큼 초서는 다산이 강조했던 공부법이다. (…중략…) 통째로 한 권의 책을 베껴 써보면 피상적으로 눈으로 읽을 때와는 느낌이 확연히 다르다. 베껴 쓰기의 위력은 해보지 않고는 알 수 없다. 일단 손 글씨로 베껴 쓴 뒤 거기에 붉은 먹을 찍어 구두를 떼고 메모를 한 뒤, 그다음에 컴퓨터에 입력해 번역한다. 필사했기 때문에 눈에 들어오고 마음에 새겨지는 것이지 눈으로만 보아서는 절대 의미가 잡히지 않는다. 필사도 옆에 메모지가 있어야 한다. 옮겨 쓸 당시의 정황을 적어도 좋고 읽다가 떠오른 단상을 적어두는 것도 필요하다. 책은 눈으로 볼 때와 손으로 쓸 때가 확연히 다르다. 손으로 또박또박 베껴 쓰면 내 것이 된다. 눈으로 대충대충 스쳐보는 것은 말달리며 하는 꽃구경이다. 베껴 쓰면 쓰는 동안에 생각이 일어난다. 베껴 쓰기는 기억의 창고에 좀 더 확실하게 각인시키기 위한 위력적인 방법이다. 초서의 위력은 실로 막강하다."

『태백산맥』『아리랑』의 저자 조정래는 아들과 며느리에게 『태백산맥』 필사를 시킨 것으로 유명하다. 네 가지 이유 때문이다. 첫째, 분단국에 태어난 사람으로 비극을 반복하지 않으려면 역사를 알아야 한다. 『태백산맥』은 역사 인식에 도움이 된다. 둘째, 지식인으로 살아가려면 자기 생각을 글로 쓸 수 있어야 한다. 소설을 베끼다 보면 문장력이 강화된다. 책 열 번 읽는 것보다 한 번의 필사가 더 도움된다. 셋째, 제대로 살려면 사람을 가려 사귈 수 있어야 한다. 소설에는 각양각색의 인간이 등장하고 이를 통해 교훈을 얻을 수 있다. 넷째, 사후 70년간 판권이 유산으로 남겨진다. 직접 글을 쓰면서 아비가 어떤 고통과 노력으로 글을 썼는지를 알 수 있어야 한다.

세상에 가장 믿지 못할 것이 내 생각이고 내 뇌다. 믿지 못할 생각의 에러를 줄이는 최선의 방법은 메모하면서 생각하는 것이다. 필사가 그것이다. 필사는 머리 대신 손을 사용해 생각하는 행위다. 메모는 기억의 수단이지만 동시에 생각을 구체화하는 수단이다. 또 필사는 최고의 명상법이다. 좋은 글을 옮겨 적다 보면 나도 모르게 마음이 평안해진다. 그렇기 때문에 마음이 번잡하고 일이 손에 잡히지 않을 때는 필사를 권한다. 필사하면서 여기에 낭송을 곁들이면 활자는 내 영혼에 박혀 영원히 내 것이 된다. 또 그런 것이 나중에 좋은 글로 환생한다. 글을 잘 쓰는 최선의 방법 중 하나는 바로 좋은 글을 필사하는 것이다. 필사는 그냥 종이 위에 베껴 쓰는 것이 아니다. 내 영혼 깊은 곳에 글을 새겨 넣는 행위다.

정답은 없다

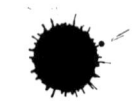

글은 어떤 식으로 써야 할까? 정답은 없고 사람마다 글의 종류에 따라 다 다르다. 무라카미 하루키의 『직업으로서의 소설가』를 보면 역시 대가답게 자신의 노하우를 자세하게 밝히고 있다. 대충 이런 내용이다.

예술가는 자유롭게 마음대로 살 것 같지만 사실 그렇지 않다. 규칙성과 프로세스가 중요하다. 특히 장편소설을 쓸 때는 더욱 그렇다. 그는 타임카드 찍듯 하루에 정확하게 20매를 쓴다. 더 쓸 수 있어도 더 이상 쓰지 않고 딱 그만큼만 쓴다. 그래야 규칙성이 생긴다. 그럼 한 달에 600매, 반년이면 3,600매가 되어서 대충 한 권의 소설이 된다. 잠시 숨을 고른 후에는 고쳐 쓰기에 들어간다. 크게 전체적으로 손을 본다. 앞뒤가 맞지 않는 부분, 등장인물 성격이 왔다 갔다 하는 부분, 시간 설정상 오류 부분 등을 고친다. 어느 부분은 빼고 어떤 부분은 늘리고 새로운 에피소드를 넣기도 한다. 일주일쯤 쉬었다 두 번째 고쳐 쓰기에 들어간다. 대수술은 아니고 세세한 부분을 살펴보면서 꼼꼼하게 고친다. 풍경묘사를 세밀하게 넣거나 말투를 고친다. 잘 안 읽히는 부분을 쉽게 풀기도 하고 흐름을 원활하게도 한다. 세세하게 다듬는 작업이다. 그다음 세 번째 고쳐 쓰기에 들어간다. 수술이라기보다 수정에 가깝다. 어느 부분의 나사를 단단히 조일지, 어떤 부분의 나사를 헐렁하게 할지를 결정한다. 어느 정도 된 후 한 차례 긴 휴식을 한다. 보름에서 한 달쯤 서랍 속에 넣고 잊어버린다. 장편소설을 쓸 때는 아무것도 하지 않는 시간도 중요하다. 건축현장의 양생 같은 기간이다. 소재를 재워두는 것이다. 다음은 제삼자의 피드백을 받는다. 하루키의 경우 아내가 그 역할을 한다. 아내의 의견은 음악의 기준음 같은 것이다. 피드백에는 한 가지 규칙이 있다. 트집 잡힌 부분이 있으면 어찌 됐건 고친다는 것이다. 고친 다음 읽어보면 대부분 이전보다 좋아진다. 어떤 문장이든 반드시 개량의 여지가 있는 것이다. 그래서 퇴고 단계에서는 자존심이나 자부심 따위는 내던지고 달아오른 머리를 식히려고 노력한다. 아무튼 고쳐 쓰는 데는 가능한 한 많은 시간을 들인다. 주위 사람들의 충고에 귀를 기울이고 그것을 염두에 두고 참고하며 고쳐나간다. 조언은 중요하다. 장편소설을 다 쓰고 난 작가는 대부분 흥분 상태로 뇌가 달아올라 반쯤 제정신이 아니기 때문이다.

한 가지 주제에 대해 쓰는 난 어떻게 글을 쓸까? 처음에는 되는 대로 썼다. 내 삶도 썼고 출판사에서 하자는 식으로도 썼다. 내가 하고 싶은 얘기를 풀어내면 출판사에서 편집하기도 했다. 근데 조금씩 주제별로 얘기하게 됐다. 이 얘기 저 얘기 마구 늘어놓는 것보다는 특정 주제를 공부하는 게 좋겠다는 생각이 들었다. 간략하게 내 방법을 소개한다.

첫째, 일단 주제를 선정한다. 이런 생활을 하다 보면 어떤 주제가 귀에 팍 들어온다. 눈이 번쩍 떠진다. 그 주제를 공부하고 싶다는 생각이 든다. 최근 쓴 책은 대부분 이런 과정을 거쳤다. 운동, 재정의, 역설, 생산성, 비유, 리더십, 커뮤니케이션 등등……. 지금도 나를 기다리는 주제들이 제법 있다.

둘째, 주제 관련 자료를 모으기 시작한다. 가장 먼저 책을 찾아보고 구입한다. 이때는 옥석을 구분하지 않고 제목이나 목차만 보고 대충 산다. 보통 50권 정도 사는 것 같다. 이미 소장한 책도 제법 있다. 전문가 혹은 지인들에게 그 주제에 대한 생각을 물어본다. 어떤 생각을 했는지, 주변에 전문가를 알고 있는지, 추천할 만한 책이 있는지 등등……. 의외로 좋은 정보가 많이 나온다. 결정적인 아이디어를 얻는 경우가 많다.

셋째, 자료 창고를 만들어 바탕화면에 깔고 이를 채우기 시작한다. 책을 읽고 필사한 내용, 사람들로부터 얻어낸 정보, 걸으면서 떠오른 정보, 관련한 메모 등을 거기에 넣는다. 생산성을 위해 정리하지 않고 무조건 쑤셔 넣는다.

넷째, 제목을 생각하고 거기에 맞는 자료를 분류한다. 일정량의 자료가 모이고 숙성기간이 끝나면 글쓸 준비를 본격적으로 한다. 대강의 제목과 관련한 정보를 넣고 쓰고 싶은 것부터 쓰기 시작한다. 완벽한 초벌이다. 대충대충 생각나는 대로 쓴다. 초벌로 쓴 건 다음 날 새벽 다시 한 번 본다. 이런 과정을 몇 번 반복하면 글의 완성도가 올라간다. 제목을 다시 달기도 하고 반복해서 얘기하는 건 빼기도 한다.

다섯째, 큰 제목 5개와 제목별 소제목 10개면 책 한 권 분량이 되는데 이 역시 대충 한다. 나보다는 출판사가 잘하는 경우가 많다. 내가 하는 경우도 있고 난 글만 쓰고 편집은 출판사에서 하기도 한다. 추가 글을 요구하기도 하고 글에 대한 확인을 하는 경우도 있다. 이런 과정을 몇 번 거치면 역시 글의 완성도가 높아진다.

글쓰기에 정답은 없다. 상황에 따라 다 다르다. 감옥생활을 오래 했던 신영복 선생은 자유롭지 못한 환경 탓에 일단 머릿속에서 글을 쓴 후 이를 옮겼다. 간단하게 인용한다. "편지는 한 달에 한 번 허용됐다. 이번 달에 쓸 글을 한 달 내내 생각한다. 메모가 불가능하기 때문에 머릿속에 적기 시작한다. 교정까지 끝내고 완벽하게 암기한 상태에서 글을 쓴다. 엽서를 본 사람들은 수정한 곳이 눈에 띄지 않는다고 말한다. 사마천은 궁형을 당하고 갇혀 있던 3년 동안 52만 6,500자의 『사기』를 거의 암기한 상태에서 출소했을 것으로 추측한다. 그렇게 열심히 편지를 썼던 것은 언젠가 그 상념들을 다시 만나고 싶어했기 때문이다. 편지는 내게 구원의 시간이었다. 하지만 다시는 그런 고생을 하고 싶지 않다. 내가 원고청탁에 응하지 않고 글쓰기를 무척 어려워하는 건 그때의 부담 때문이다."

글에서 몇 번 썼듯이 난 대강, 대충이란 말을 좋아한다. 보통 사람들은 이를 부정적으로 보는데 사실은 그렇지 않다. 대강이란 말은 어업에서 나온 말이다. 고기를 잡는 그물은 가로세로 촘촘히 얽혀 있고 가장자리는 굵은 줄로 되어 있다. 굵은 줄을 당기면 그물이 오그라들며 고기들이 빠져나가지 못한다. 가장자리를 꿰고 있는 굵은 줄을 벼릿줄이라 한다. 글의 뼈대가 되는 줄거리란 뜻도 있다. 이를 대강$_{大綱}$이라 한다. 성의 없이 어설프게 하는 것을 대강대강 한다고 말한다. 실제 대강은 큰 줄거리를 파악해 사물과 일을 슬기롭게 총괄한다는 좋은 의미의 단어이다.

쓰고 또 써라

　글쓰기 관련 책을 참 많이도 사서 읽었다. 거의 100권 이상 읽은 것 같다. 또 신문이나 잡지에서도 글쓰기 관련 내용이 있으면 스크랩을 해서 읽고 메모했다. 당연히 사람마다 글쓰기에 대한 생각에 차이가 있지만 만장일치로 의견이 모이는 것이 있다. 다작이다. 많이 쓰라는 것이다. 쓰고 또 쓰라는 것이다. 여기에 관해서는 이견이 없었다. 나 역시 비슷하게 생각한다. 글쓰기에 왕도는 없다. 일단 쓰고 쓰고 또 써야 한다는 것이다. 거장의 특징은 다작이다. 많이 써야 실력이 늘고 쓴 것 중에 걸작도 나온다. 유명한 양질전환의 법칙이다. 일정 양이 모여야 질이 확보된다는 것이다.

"글쓰기는 리추얼이다. 한꺼번에 왕창 쓰는 것이 아니라 매일 조금씩 쓰는 것이다. 매일의 반복이다. 책을 읽고 문장을 익히고 메모하는 습관은 사온 야채를 다듬어 요리에 필요한 형태로 가공하는 작업에 비유할 수 있다. 글을 잘 쓰고 싶으면 당장 펜을 들고 써야 한다. 글을 쓸 때 생각이 가장 활발히 작동한다." 소설가 백영옥의 주장이다. 나도 그녀처럼 글쓰기는 요리라고 생각한다. 글쓰기는 요리처럼 재료준비가 중요하다. 거기에 가장 많은 시간이 든다. 막상 요리에는 별로 시간이 들지 않는다. 필을 받을 때 왕창 쓰고 필이 없으면 며칠 쉬는 것보다 시상이 떠오르건 아니건 매일 조금씩 써야 한다고 생각한다.

작가이자 영화제작자 우디 앨런의 말도 비슷하다. "나는 날마다 글을 쓴다. 글을 쓰는 데 단련되어 있다. 글쓰기를 즐긴다. 아침에 일어나 러닝머신에서 뛴 뒤 아침 식사를 한다. 이어 글을 쓰고 클라리넷 연습을 한다. 잠시 산책하러 다녀온 뒤 다시 글을 쓴다. 일주일에 7일 반복한다. 이런 규칙적인 생활을 해야만 글을 쓸 수 있다." 베스트셀러 작가 존 그리샴 역시 규칙적인 일상을 보낸다. "5시에 자명종이 울리면 바로 샤워하러 달려갔다. 내 사무실은 집에서 5분 거리에 있다. 일주일에 닷새 동안 하루도 빠짐없이 5시 30분에 사무실에 있는 내 책상에 앉아 커피 한

잔을 놓고 글을 썼다." 그는 날마다 한쪽의 글을 쓴다. 어떤 때는 10분이 걸렸고 어떤 때는 한 시간이 걸렸다. 소설가 야마다 도모히코는 은행원으로 일하면서 집필활동을 했다. 그 역시 기계적인 글쓰기를 강조했다. 휴가를 이용하지 않았다. 휴가기간 중 여유롭게 글쓰기에 몰입할 수 있을 것 같지만 그렇지 않다는 것이다. 오히려 쉴 때는 푹 쉬고 일상 중 집필을 위한 시간을 짜냈다. 훌륭한 소설가들은 대체로 다작을 했고 맹목적이고 기계적으로 글을 썼다. 감흥이 생겨서 글을 쓰는 것이 아니라 글을 쓰다 보면 감흥이 생기는 것이다.

이들의 주장은 한결같다. 우리가 매일 출근하듯 글도 매일 노동자처럼 써야 한다. 비가 오나 눈이 오나 1년 365일 매일 써야 한다. 쓰고 또 써야 한다. 그래야 좋은 글을 쓸 수 있다. 글쓰기는 샘물과 같다. 펌프로 계속 내 안의 물을 퍼내야 한다. 샘물은 퍼낼수록 고이기 때문에 아낄 필요가 없다. 사람들은 언젠가 시상이 떠오르면 글을 쓰겠다고 생각한다. 착각 중 착각이다. 살아생전 그런 날은 절대 오지 않는다. 먼저 책상에 앉아 글을 써야 한다. 하루 이틀이 아니라 계속해서 밥 먹듯이 꾸준히 글을 쓰는 것이 먼저다. 그럼 어느 날 시상이 떠오른다. 그분이 오는 것이다. 생각이 먼저이고 글쓰기가 나중일 것 같지만 사실은 그렇지 않다. 글쓰기가 먼저이고 생각이 나중이다. 머릿속으로 생각을 정리한 후 쓰는 것 같지만 사실 쓰는 것이 먼저이고 생각정리는 그다음이다.

요즘 글쓰기를 가르쳐 밥벌이하는 사람들이 제법 있는 것 같다. 글쓰기를 가르치는 건 가치 있는 일이기 때문에 비난할 수는 없다. 하지만 과연 글쓰기를 강의를 통해 가르칠 수 있을까에 대해 회의가 드는 건 사실이다. 만약 내가 글쓰기 강좌를 연다면 어떻게 할까? 내 방법은 명확하다. 일단 쓰고 싶은 주제 관련 책 100선을 뽑아 읽게 하고 이를 요약하고 거기에 대한 자기 의견을 달게 한다. 다음은 매일 글을 쓰게 하고 거기에 대한 본인의 생각을 묻는다. 일주일에 한 번 정도 내가 글을 고쳐주고 고치기 전의 글과 비교하게 한다. 또 거기에 대한 본인의 생각을 묻는다. 이런 과정을 1년쯤 한다.

분기에 한 번 다 같이 모여 글에 관한 얘기를 나눈다. 비교하거나 비난하는 대신 지난 3개월간 계속 글을 쓰면서 느낀 점, 부족하다고 생각한 점, 개선하고 싶은 점, 누구의 글을 흉내 내고 싶은지, 더 알고 싶은 점 등에 관해 얘기하고 다음 분기에는 이 부분을 개선하기 위해 노력하게 한다. 핵심은 누군가가 가르치는 대신 매일 읽고 쓰면서 스스로 변화하는 걸 느끼게 하는 것이다. 글쓰기 강의를 듣는다고 글을 쓸 수는 없다. 글쓰기의 핵심은 듣는 대신 매일 쓰고 또 쓰는 것이다. 내가 좋아하는 노희경 작가는 글을 쓰기 위해서는 성실한 노동자가 되어 근무시간 8시간을 지키라고 주장한다. 맞는 말이다. 글은 노동자처럼 써야 한다. 나 역시 1년 365일 하루도 빠짐없이 새벽에 글을 쓴다.

고치고 또 고쳐라

 "처음부터 100점짜리 보고서는 만들 수 없다. 일단 60점짜리를 갖고 와라. 그걸 바탕으로 얘기를 나누면서 점차 완성도를 높여야 한다. 완벽한 보고서를 만들겠다고 혼자 붙잡고 시간을 다 썼는데 만약 보고서가 내가 원하는 것이 아니면 그땐 어떻게 할 것인가? 제발 처음부터 완벽을 지향하지 마라." 예전 내가 직원들에게 자주 했던 말이다. 글쓰기 최대의 장애물은 완벽주의다. 처음부터 완벽한 작품을 만들겠다고 결심하고 미루고 지체하고 쓰다 말다를 반복하는 것이다. 이런 식으론 결코 글을 쓸 수 없다. 완벽한 작품을 기대하지만 시간만 헛되게 쓸 뿐이다.
 글쓰기의 핵심 중 하나는 고쳐 쓰기다. 난 대충의 글감을 준비

하고 새벽에 일필휘지한다. 말이 되건 안 되건 한 번에 주~욱 쓴다. 사소한 것이 걸려도 그냥 쓴다. 당연히 마음에 들지 않는다. 내가 봐도 엉성하다. 그냥 얼기설기 집을 짓는 것과 비슷하다. 며칠 후 쓴 글을 보면서 다듬는다. 이런 과정을 두세 번 반복하면서 완성도를 높인다. 처음 쓴 글과 나중 쓴 글이 많이 달라진다. 불필요한 말이나 적절치 않은 사례가 줄어들고 완성도가 높아진다. 완전히 다른 글이 되는 경우도 있다. 글쓰기는 보고서 작성과 비슷하다. 처음부터 완벽을 지향하는 것보다는 처음에 대충 쓰고 자꾸 고치고 고치면서 완성도를 높이는 것이 효과적이다. 지금 이 글도 세 번째 고치는 중이다. 처음엔 정말 마음에 들지 않았는데 지금은 조금 낫다.

이 방면의 전도사는 이화여대 최재천 교수다. 난 그분의 글을 좋아해 관련 책은 거의 다 사서 읽는다. 과학자지만 인문학자 같은 느낌이다. 이성적이면서 감성적이다. 솔직하면서 따뜻함까지 느껴져 술술 읽힌다. 그분의 교정예찬론을 들어보자. "글을 쓴 뒤에는 다시 읽어봐야 한다. 지금도 난 글을 쓰고 나면 항상 큰 소리로 읽어본다. 그리고 내 귀에 부드럽게 들어오지 않으면 그 문장은 무조건 그어버리고 다시 쓴다. 편안하고 자연스럽게 리듬을 타고 굴러갈 때까지, 불편하게 읽히는 것이 아니라 그냥 술술 읽히는 문장이 될 때까지 다시 쓴다. 신문에 원고지 열 매짜리를 보낼 때도 수십 번을 고쳐 쓴다. 소리 내어 읽었을 때 거침없이 읽혀야 좋은 글이라는 것을 로버트 위버 교수님께 배웠기 때문이다.

난 테크니컬 라이팅이란 코스에서 로버트 위버 교수를 만났는데 수업방식이 독특했다. 12명의 학생이 에세이를 가져오면 모아서 휙 집어던지고 그중 하나를 골라 요리 재료로 삼아 씻고 자르고 볶는다. 대화를 나누는데 이런 식이다. "마음에 안 들어? 뭐가 마음에 안 드는데? 그런데 왜 그렇게 썼어? 지금 이야기한 대로 고쳐봐. 다시 읽어봐. 이번엔 마음에 드니? 아까보다 마음에 드네요." 최 교수의 교정법은 글을 쓴 후 소리 내 읽는 것이다. 뭔가 걸리고 혀에서 부드럽게 구르지 않으면 그 부분은 다시 쓴다. 한숨에 쭉 굴러가면 그게 완성이다. 나 역시 글을 쓴 후 다시 읽으면서 교정한다. 처음에는 걸리는 것들이 많다. 한꺼번에 읽히지 않고 자꾸 뭔가 턱턱 걸린다. 고치고 고치면 걸리는 것들이 사라지고 부드럽게 한꺼번에 읽힌다. 그때가 완성이다.

『침묵의 봄』을 쓴 레이첼 카슨 역시 자기 글을 수도 없이 퇴고하는 글쟁이였다. 같이 사는 어머니에게 반드시 자기 글을 낭독시켰다. 그러면서 글의 리듬과 어미 각운까지 꼼꼼히 따졌다. 영화감독이자 시나리오 작가인 에드 캣멀 역시 퇴고를 강조한다. "최종 완성된 작품은 초안을 잘 다듬은 것이 아니다. 초안에서 출발하지만 처음 초안과는 전혀 상관없는 결과물이다. 아이디어의 핵심은 처음 밑그림을 그리는 순간과 그렸던 밑그림을 지우고 그 위에 다시 그리는 순간 사이에 존재한다. 초안을 그리고 그걸 지우고 다시 그리는 걸 반복하면서 결국 아무것도 그려지지 않은 채 완성되는 것이다." 고치다 보면 초안과는 전혀 다른 작품이 나올 수도 있다는 것이다.

『일생에 한 권 책을 써라』의 저자 양병무는 고치기가 글쓰기의 천재를 만든다고 주장한다. 글쓰기 실력은 수정 횟수에 비례하는데 그가 소개하는 퇴고의 12계명은 다음과 같다. "글의 제목이 내용과 적합한가? 글을 쓰려는 목적이 분명히 드러났는가? 내용이 군더더기 없이 깔끔한가? 문단이 잘 나뉘었는가? 글의 비중은 적당한가? 쉽고 친절하게 씌어 있는가? 잘못된 표현은 없는가? 어구가 잘못된 곳은 없는가? 맞춤법과 띄어쓰기는 올바르게 되었는가? 한자나 영어 가운데 틀린 게 없는가? 쉼표, 마침표, 가운뎃점은 알맞게 썼는가? 글 전체의 구상이 생각한 대로 되었는가?" 이 체크리스트를 갖고 교정을 하면 글의 완성도는 올라갈 것이다. 글쓰기에 왕도는 존재하지 않는다. 많이 읽고 많이 쓰고 많이 고치는 것밖에 없다. "모든 초고는 걸레다." 헤밍웨이의 말이다. 고쳐 쓰기가 그만큼 중요하다.

줄이고 또 줄여라

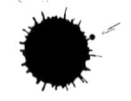

『미움받을 용기』란 책이 있다. 오랫동안 베스트셀러를 한 덕에 읽어본 사람들이 제법 있다. 난 자주 그 책을 읽었는지 물어보고 읽었다는 사람에게 그 책의 내용을 짧게 요약해 설명해달라고 부탁한다. 대부분 제대로 설명하지 못한다. 읽긴 읽었지만 핵심이 뭔지를 파악하지 못했기 때문이다. 그럼 난 이런 식으로 요약해 설명한다. "그 책의 핵심 중 하나는 내 과제와 당신 과제를 구분하란 것이다. 남의 과제에 쓸데없이 간섭하는 대신 내 과제에 집중하는 것이다. 예를 들어 사람들이 제게 연락하고 싶었지만 제가 바쁠까 봐 연락하지 않았다는 얘기를 자주 한다. 과제 구분에 실패한 사람들이다. 연락하는 건 그 사람 과제이고 바쁜 건 내 과제다. 왜 내 걱정을 하느라 자기 과제를 수행하지 않는가? 애 공부도 그렇다. 공부할지 말지는 애의 과제이다. 그런데 대부분 부모는 그걸 자기 과제로 착각해 애들을 들들 볶는다. 그런다고 애가 공부하는 건 아니다. 부모와 자식 간 사이만 나빠질 뿐이다." 글을 쓰기 위해서는 책을 많이 읽어야 하고 제대로 읽을 수 있어야 하는데 방법의 하나가 요약이다. 요약할 수 있어야 읽은 것이다. 만약 책을 요약할 수 없다면 엄밀한 의미에서 제대로 독서한 게 아니다.

글을 잘 쓰기 위해서도 요약하는 훈련이 필요하다. 요약할 수 있다는 건 중요한 것과 덜 중요한 걸 구분할 수 있다는 것이고 핵심을 뽑아낼 수 있다는 걸 뜻한다. 일본 메이지 대학교의 사이토 다카시 교수는 『독서력』이란 책에서 요약하는 힘과 코멘트하는 힘을 강조한다. 책을 읽고 그 핵심 내용을 정확하게 파악해서 정리할 수 있어야 하고 책 내용을 다른 사람에게 효과적으로 전달할 수 있어야 한다는 것이다. 휴렛팩커드의 CEO 칼리 피오리나는 스탠퍼드 대학교에서 중세사를 전공하면서 중세 원전을 일주일에 몇백 장씩 읽고 빽빽하게 두 장으로 요약하는 수업을 가장 좋아했다. 피오리나는 요약을 생각의 몸에서 지방을 정제하고 의미의 본질에 도달하는 작업이라고 회상한다.

태생적으로 말이 긴 사람을 좋아하지 않는다. 별 내용도 아닌 걸 늘리고 또 늘려 사람 진을 빼는 것도 싫어한다. 요점만 간단히 말하고 상대가 더 물어보면 그때 더 설명하는 걸 선호한다. 글도 그렇다. 단순하고 명쾌하고 짧은 글을 좋아한다. 그래서 서양인들 책보다 일본 사람들이 쓴 글에 더 끌린다. 또 책을 읽고 요약하는 게 직업인데 과정은 필사한 후 이를 줄이고 또 줄이는 것이다. 핵심을 빼고 부수적인 건 다 제거한다. 그래서 내게 글쓰기는 조각과 같다. 불필요한 부분을 조각칼로 없애면서 표현하고 싶은 것만 드러내는 것이다. 내가 생각하는 글은 줄이고 또 줄이는 것이다.

또 글은 단문으로 쓰는 게 유리하다. 길게 쓰면 읽기 어렵다. 소설가 이외수의 강연에서 들은 얘기다. 우선 다음 글을 읽어보라. "나는 사방에서 매미들이 주변의 나무들이 진저리를 칠 정도로 목청을 다해서 발악적으로 시끄럽게 울어대는, 맞은편에서 사람이 오면 비켜설 자리가 없을 정도로 비좁은 오솔길을 혼자 쓸쓸히 걷고 있었다." 이게 무슨 말인지 이해하겠는가? 읽히는가? 난 읽히지 않는다. 문장이 길어 한 번에 읽을 수도 없다. 만약 이런 긴 문장이 있으면 더 이상 책을 읽지 않는다. 이 글을 다음과 같이 고쳐보자. "나는 오솔길을 걷고 있었다. 혼자였다. 오솔길은 비좁아 보였다. 맞은편에서 오는 사람과 마주치면 비켜설 자리가 없을 정도였다. 매미들이 시끄럽게 울어대고 있었다. 발악적이었다. 주변 나무들이 진저리를 치고 있었다." 어떤가? 명확하다. 무슨 말인지 그림처럼 그릴 수 있다. 이게 단문의 힘이다. 정민 교수는 『한국의 글쟁이들』이란 책에서 다음 사례를 든다. '텅 빈 산에 나뭇잎은 떨어지고 비는 부슬부슬 내리는데.' 이를 본 선생이 "왜 이렇게 말이 많아."라며 면박을 주었다. 그래서 이렇게 줄였다. '빈산 잎 지고 비는 부슬부슬'이다. 어떤가? 불필요한 것만 줄여도 글은 달라진다. 부사와 형용사를 30%만 줄여도 글이 달라진다.

모든 것을 다 이야기하면 지겨워진다. 라마르크는 소설을 쓸 때 3배가 넘게 쓴 뒤 과감하게 잘라 짧게 만드는 버릇이 있었다. 삭제를 잘하는 사람은 글을 삭제해도 그 뜻을 다치지 않고 부연을 잘하는 사람은 말을 늘려도 그 뜻이 뚜렷하게 한다. 간결한 문장은 인색한 문장이다. "내 야심은 다른 사람들이 한 권의 책으로 말하는 것을 열 개의 문장으로 말하는 것이다. 내 글은 희석되어야 하고 액화되어야 하며 물을 타야 한다. 그렇지 않으면 소화할 수 없다. 말은 짧게, 의미는 깊게." 니체가 한 말이다. 난 한 마디로 촌철살인하는 글을 쓰고 싶다.

자료를 축적해라

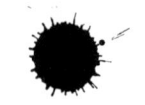

 스타트업에 투자할지를 결정하는 사람에게 투자 여부를 어떻게 결정하는지 물은 적이 있다. 그는 네 가지 질문을 던진다고 한다. 첫째, 시장이 있는가? 둘째, 시장을 지배하는 플레이어가 존재하는가? 셋째, 고객들이 기존 플레이어에게 불만을 품고 있는가? 넷째, 당신이 그 불만을 해결할 만한 역량을 갖고 있는가? 심플하다. 만약 네 가지 질문에 다 "예스."라는 답을 할 수 있으면 투자를 한다. 난 비슷한 질문을 책을 쓰려는 사람들에게 하고 싶다. "그 주제에 관심이 있는 독자들이 존재하는가? 기존에 거기에 관한 책이 있는가? 그 책과 다른 얘기를 할 수 있는가? 그런 경험과 차별화할 콘텐츠를 갖고 있는가?"

책을 쓰는 건 자유지만 그 책을 읽게 하는 건 아무나 할 수 있는 일이 아니다. 책은 아무나 쓸 수 있지만 자칫하면 누구도 읽지 않는 책이 될 수 있다. 책을 쓰기 전 가장 먼저 해야 할 질문은 쓸 거리다. 쓸 거리가 있어야 한다. 쓸 만한 경험이나 지식, 남다른 생각이나 해석, 감동적인 스토리가 있는지를 생각해야 한다. 그래서 독자들로 하여금 "와우! 세상에 이런 경험을 하셨군요. 정말 끝내주는 생각이네요. 덕분에 새로운 깨달음을 얻었습니다."란 피드백을 받을 수 있어야 한다. 글쓰기 스킬을 익히기 전에 그런 쓸거리를 준비하는 것이 먼저다. 자료 축적, 경험 축적, 노하우 축적이 있으면 글쓰는 일은 별거 아니다. 쓸 거리란 말 그대로 쓸 만한 가치가 있느냐는 것이다. 내가 생각하는 쓸 만하다는 말의 정의는 '쓸거리'가 있는가이다. 글로 써서 사람들에게 알릴 만한 건더기가 있느냐는 것이다. 글을 쓰는 건 아무나 할 수 있다. 하지만 읽히는 글, 읽을 만한 글을 쓰는 건 아무나 할 수 있는 일이 아니다. 건더기가 충실하면 글이 다소 산만해도 사람들은 읽는다. 반대로 건더기가 부실하면 아무리 미사여구를 사용해 글을 써도 사람들은 읽지 않는다.

글쓰기의 전제조건은 자료 축적이다. 일정 자료가 축적되면 이를 바탕으로 요리한 것이 글이고 글을 모으면 책이 된다. 자료 축적은 화두에서 시작한다. 화두란 내가 관심 있는 분야를 말한다. 몇 년 전부터 비유, 질문, 재정의에 대해 남다른 관심을 두고 있었다. 당연히 관련 책을 사서 읽게 된다. 아젠다별로 보통 30~40권은 산다. 지인들을 만날 때마다 관련 얘기를 하고 그들 생각을 듣고 거기서 아이디어를 얻고 메모한다. 신문을 볼 때도 관련 정보는 메모하고 입력해둔다. 어느 정도 자료가 모이면 이를 바탕으로 글을 쓰기 시작한다. 자료를 모으는 데는 몇 년이 걸리지만 막상 글을 쓰는 데는 3개월이면 충분하다. 최근 생산성 책은 한 달 만에 탈고했다. 글쓰기의 출발점은 자료 축적이다. 나만 이런 게 아니다.

내가 좋아하는 김정운 교수도 비슷한 얘길 한다. 그의 말을 인용한다. "내가 독일에서 배운 것은 '공부는 데이터베이스 관리다'란 사실이다. 독일에서 철학이 발달한 것은 자료 축적 문화 때문이다. 도서관 데이터를 정리해 찾기 쉽게 만들었다. 생각이 떠오를 때마다 검색하면 관련 데이터들이 마구 올라왔다. 그 데이터를 정리하다 보면 또 다른 생각이 떠올랐다. 네트워크적 지식의 생성이다. 간단한 리포트는 새롭게 분류된 데이터를 정리하기만 하면 됐다. 정보와 정보의 관계로서 지식을 마음대로 분리, 합체, 변신할 수 있게 된 것이다. 이런 것이 가능하려면 사용

가능한 데이터가 풍부해야 한다. 그리고 그 데이터를 자유롭게 연결할 때 얻어지는 메타언어에 익숙해져야 한다. 그게 바로 공부다. 데이터를 축적하고 정리하는 과정에서 메타언어는 익혀진다. 일명 커닝페이퍼 효과이다. 커닝페이퍼를 준비하다 보면 어느새 내용을 다 숙지한다. 정작 사용할 필요가 사라진다. 데이터베이스를 만들며 나름의 개념 체계를 만들다 보면 어느새 전혀 다른 차원의 생각을 하는 나를 발견할 수 있다."

신경정신과 전문의 하지현 교수도 비슷한 생각을 하는 것 같다. 그의 말이다. "글은 3개월이면 쓰지만 자료수집에는 2년쯤 걸린다. 책의 방향이 잡히면 한 번에 훅 쓰는 스타일이다. 출발신호가 떨어지면 레이스에 에너지를 쏟아내는 경주마처럼 글의 속도가 빠르다." 하 교수는 "책 한 권을 쓰는 데 3개월 미만으로 걸리는 것 같다."라고 간단히 말했지만 사실 책의 재료들은 적어도 수년에 걸쳐 수집하고 확인하며 되새김질한 것들이다. 그는 글쓰는 작업을 새벽에 출근해 채소와 고기를 썰고 시뻘건 불에 프라이팬을 달궈놓는 중국요리 주방장에 비유하기도 했다. "글쓰기를 위해 4,000개 정도의 자료를 모아놓고 있다. 에버노트를 이용하는데 애플, 안드로이드에서 다 사용할 수 있고 웹에서 작동돼서 편리하다. 자료를 수집하고 글을 덧붙여놓고 클리핑하면 바로 저장된다. 책을 읽다가 괜찮다 싶은 글은 밑줄을 긋고 에버노트에 적어놓는다. 글을 쓸 때 이 자료들을 소환한다. 1년에 35달러를 내면 프리미엄 서비스를 이용해 다운로드할 수도 있다. 글은 한 챕터 분량이 원고지 30~35장 정도인데 한두 시간이면 쓴다. 한 번 쓴 글은 이틀 정도 묵혀 숙성시킨 다음 지우고 다듬는다."

박웅현은 창의력을 쥐어짜는 스퀴즈아웃$_{squeeze\ out}$이 아니라 차고 넘치는 스필오버$_{spillover}$로 설명한다. 아이디어는 억지로 짜내는 것이 아니라 흘러넘쳐야 한다는 것이고 그러기 위해서는 인풋이 충분해야 한다는 것이다. 난 글도 비슷한 개념으로 설명하고 싶다. 글은 쓰고 싶다고 쓸 수 있는 게 아니다. 수많은 인풋으로 머리가 차고 넘쳐야 한다. 말하고 싶은 것으로 가슴이 꽉 차야 한다. 그럼 자연스럽게 그게 글이란 도구를 통해 전달되는 것이다. 그런 면에서 글쓰기를 잘하기 위해서는 자료 축적이 먼저 이루어져야 한다.

쉽게 읽히게 써라

어떤 글이 좋은 글일까? 재미있고 배우는 것도 있고 잘 읽히는 글이 좋은 글이다. 글에 관한 내 생각이다. 우선 잘 읽혀야 한다. 쉽게 잘 읽히는 글을 써야 한다. 어렵게 쓴 글, 읽히지 않고 턱턱 걸리는 글은 다음 단계로 나갈 수 없다. 당연히 재미도 없고 배움도 전달되지 않는다. 물론 그와 다른 주장을 펴는 이들도 있다. 어렵게 공부해야 남는다. 쉬운 글만 보면 뇌가 성장하지 못한다고 주장하는 이들도 있다. 하지만 내 생각은 다르다. 어렵게 쓴다는 건 본인도 제대로 이해하지 못했기 때문이다. 독자 입장에서 어렵게 쓴 글, 읽는 데 힘이 드는 글을 읽어야 할 이유가 없다. 지금같이 다양한 매체가 있는 시대에 책도 경쟁해야 하는

데 최고의 경쟁력은 일단 술술 잘 읽혀야 한다. 독자들이 손에서 책을 놓지 않게 만들 수 있어야 한다.

글은 일단 읽혀야 한다. 근데 쉽게 읽힌다는 게 어떤 의미일까? 어떻게 하면 쉽게 읽히는 글을 쓸 수 있을까? 일단 본인 얘기를 하면 된다. 내가 경험한 내 얘기를 하는데 이해하고 말고가 어디 있는가? 글이 어렵다는 건 자기 얘기가 아닌 남 얘기를 하기 때문일 가능성이 있다. 둘째, 자기가 완벽하게 이해한 얘기를 할 수 있어야 한다. 어렵게 얘기하는 사람들 대부분은 자신도 잘 모르는 걸 얘기하려 하기 때문이다. 완벽하게 이해하면 듣는 사람 입장에 서서 주장을 펼칠 수 있다. 셋째, 과시욕을 버려야 한다. 흔히 자기가 아는 걸 다 쏟아 넣으려 한다. 주제와 상관없지만 자신이 이런 것까지 알고 있다는 사실을 얘기하고 싶고 그러다 보면 얘기가 엉뚱하게 딴 곳으로 빠진다. 도대체 왜 이 얘길 여기서 하는 거지란 생각을 하며 책을 덮게 된다. 넷째, 자기 자랑하고 싶은 욕구를 줄일 수 있어야 한다. 내가 자주 빠지는 함정이다. 내가 이런 것까지 알고 있다는 걸 자랑하기 위해 쉬운 말을 놔두고 어려운 말을 골라 쓰고 자기가 아는 모든 정보를 쏟아놓게 된다. 그럼 상대는 감탄하는 대신 책을 덮게 된다. 당신을 똑똑하다고 인식하는 대신 기피인물로 찍을 가능성도 높다.

위험하다. 다섯째, 단문으로 써야 한다. 난 글을 짧게 끊어서 쓴다. 글이 길면 숨이 찬다. 도대체 이 문단이 어디서 끝나는지 그걸 기다리느라 책에 집중하지 못한다. 이와 비슷한 주장을 하는 다른 사람들 얘기를 소개한다.

『마케터의 길』을 쓴 장인성의 주장은 이렇다. "글은 무조건 쉬운 게 좋다. 쉬운 말, 짧은 말을 써야 한다. 명일 대신 내일, 진행하도록 하겠습니다 대신 진행하겠습니다. 수동태 대신 능동태로 써야 한다. 수동태는 자신이 없어 보이거나 회피하는 것처럼 보인다. (…중략…) 경제적으로 써야 한다. 별거 아닌 걸 굳이 첨부로 보내지 말고 메일에 직접 써라. 첨부를 열어보는 것도 비용이다. 확신이 안 들면 자신에게 보내보고 어떻게 보이는지 봐라. 읽은 후 예상 질문을 해보고 그에 답도 해보라."

연세대 명예교수 송복은 이렇게 얘기한다. "글은 일침혈견一針血見하게 써야 한다. 침을 한 번 탁 찔러서 피가 나와야 한다. 명의는 한 번 찌르면 병이 나아야 한다. 무슨 소린지 모르게 쓰면 읽는 독자만 고통스럽다. 복잡한 것을 단순화하고, 추상적인 것을 구체화하고, 불분명한 것을 분명하게 하는 게 좋은 글이다." 쉽고 단순한 것이 감동을 준다.

미국의 지성인 촘스키도 이렇게 경고했다. "지식인들은 어렵게 글을 쓰는 경향이 있다. 이해하기 어려운 글을 쓰는 것이 그들에게 이익이기 때문이다. 어려운 단어를 골라 쓰고 복잡하게 이야기해야 지식인 대접을 받고 특권층처럼 군림할 수 있기 때문이다. 하지만 이것은 허세이다. 누구나 쉽게 이해할 수 있는 글을 쓰는 것이 내 목표다. 쉬운 말로도 깊은 내용을 전달할 수 있다. 아무리 어려운 내용도 쉬운 말로 설명할 수 있다." 말이나 글이나 짧고 명쾌해야 한다. 쉽게 읽혀야 한다. 근데 쉽게 읽히는 글이 가장 쓰기 어렵다. "무엇을 쓰든 짧게 써라. 그러면 읽힐 것이다. 명료하게 써라. 그러면 이해될 것이다. 그림같이 써라. 그러면 기억 속에 머물 것이다." 퓰리처상을 만든 조셉 퓰리처의 말이다.

쓰고 싶은 걸 써라

글을 쓰려는 사람들이 가장 먼저 던지는 질문이 있다. 무엇을 쓸 것이냐는 것이다. 정답은 없다. 난 쓰고 싶은 걸 써야 한다고 생각한다. 여러분은 무엇을 쓰고 싶은가? 쓰고 싶다는 건 최대 관심 분야, 고민하는 분야, 혹은 새롭게 꽂힌 분야를 말한다. 그걸 쓰면 된다. 사랑에 빠진 사람은 사랑에 대해 쓰면 된다. 사랑에 빠지면 다른 건 눈에 들어오지도 않고 오로지 그 사람, 그 사람과의 사랑에 관한 것만 보인다. 사랑이 그를 얼마나 바꿨는지, 사랑하니까 얼마나 가슴이 뛰고 살맛이 나는지를 쓰면 된다. 나 역시 그때그때 관심 있는 주제의 글을 쓴다. 주제는 때에 따라 바뀐다.

『한근태의 재정의 사전』이란 책을 쓸 때는 앉으나 서나 재정의 생각만 했다. 재정의를 잘하는 최선의 방법 중 하나가 어원이라 어원 관련 책을 많이도 읽었다. 평소 같으면 읽지 않았을 책이다. 『어원은 인문학이다』 『단어 따라 어원 따라 세계 문화 산책』 『한자에서 배우는 교훈』 『리더를 위한 한자 인문학』 등등……. 처음에는 작은 호기심에서 출발했지만 공부를 할수록 어원이 재미있었다. 하나의 어원이 꼬리에 꼬리를 물면서 새로운 깨달음이 왔다. 검색도 대부분 어원에 관한 걸 했다. 의사를 만나면 의학용어의 어원을 물을 정도로 어원에 관한 질문을 많이 했다. 그럼 나도 모르게 관련 글을 쓰게 되고 그게 모이면 책이 된다. 근데 희한한 일이 있다. 주제에 대해 책을 내고 나면 관심이 확 줄어든다.

이는 나만의 생각은 아니다. 법조인 이석연도 비슷한 생각을 하는 것 같다. 그가 쓴 책 『책, 인생을 사로잡다』에 다음과 같은 대목이 있다. "무엇을 쓸 것인가? 간단하다. 쓰고 싶은 것을 쓰면 된다. 세상의 모든 것은 한 권의 책으로 만들어지기 위해 존재한다. 세상의 모든 것은 책이 될 수 있다. 읽고 베끼고 외우는 것만 충실히 해도 문장은 저절로 이루어진다. 독서메모, 독서일기의 저력은 자기 문장이 완숙해진다는 점으로 표출된다. 간서치(책만 읽는 바보) 이덕무는 무수한 책을 읽고 엄청난 양의 책을 베끼고 늘 책과 가까이 생활했다. 그 결과 『영처고』라는 첫 문집을 발간했다. 쓰는 것도 중요하지만 쓴 것을 남에게 보여주는 것도 필요하다. 읽는 것과 쓰는 일은 동전의 양면이다. 읽는 만큼 쓸 수 있고 쓰는 만큼 변화할 수 있다."

사랑하는 것을 써야 한다. 손자가 태어난 후 난 사랑에 빠졌다. 내가 생각하는 사랑은 사랑思量이다. 사랑의 양이란 말이다. 사랑한다는 건 거기에 대해 생각을 많이 한다는 뜻이다. 안 보면 보고 싶고 본 후에도 자꾸 생각이 난다. 또 그런 사랑의 감정을 주체하기 어려웠다. 무엇보다 지금의 소중한 감정을 기록하고 싶었다. 그래서 육아일기를 쓰기 시작했다. 사실 말로 하는 손자 사랑은 조심해야 한다. 나한테 귀엽다고 다른 사람도 그런 건 아니기 때문이다. 또 자식이 없는 사람, 자식이 결혼 안 한 사람, 결혼했어도 손자가 없는 사람도 있기 때문이다. 난 말보다 이를 글로 표현하고 싶었다.

글쓰기의 기본은 애정이다. 애정이 있어야 글을 쓸 수 있다. 축구를 사랑하지 않는 사람이 축구에 대한 글을 쓸 수는 없다. 일을 사랑하지 않는 사람이 일에 대해 글을 쓸 수는 없다. 그런 면에서 연애편지 쓰기는 글쓰기의 좋은 훈련이다. 소설가 이외

수는 거기에 대해 이렇게 말한다. "연애편지에는 글쓰기의 모든 요소가 들어 있다. 애정이 없이는 편지를 쓸 수 없다. 독자가 명확하고 목적도 분명하다. 모든 역량을 총동원해 글을 쓰고 좋아하는 대상에 대해 쓰고 무엇보다 가득한 사랑의 마음으로 쓴다."

자기 얘기를 쓰는 것도 좋다. 아니, 자기 얘기를 써야 한다. 내 글의 모든 소재는 일상이다. 책에 대한 것도 쓰고 리더십에 대한 것도 쓰지만 결국 그걸 내 경험과 연결될 때 나도 이해할 수 있고 독자도 이해할 수 있기 때문이다. "자신이 체험하지 않은 것은 하나도 쓰지 않았다. 그러나 체험한 대로 쓴 것은 하나도 없다. 떠오르는 생각과 체험한 것을 적되 상상력의 옷을 입혀 썼다." 괴테의 말이다. "그대의 마음속을 들여다보라. 그러고 나서 써라." 헨리 롱펠로의 말이다.

무엇에 대해 쓰고 싶은가? 쓰고 싶은 게 있으면 그걸 쓰면 된다. 그런 게 없다면 어떻게 하나? 그럴 때는 그게 어떤 상황인지를 돌아볼 필요가 없다. 난 이를 너무 편한 상태, 아무 호기심이 없는 상태, 모든 게 익숙한 상태로 정의한다. 너무 익숙해 자신이 어떤 상황인지 모르는 것이다. 뇌가 잠들어 있는 상태일 수도 있다. 글을 쓴다는 건 잠자는 뇌를 깨우는 행위다. 운동이 몸을 깨우는 행위이듯 글쓰기는 잠자는 우리 뇌를 깨우는 행위다.

사랑을 글로 써라

말로 하는 것과 글로 하는 것은 다르다. 말로 해야 할 게 있고 글로 해야 할 게 있다. 특히 사랑은 말로 하는 것보다 글로 전달할 때 감동이 더 크다. 그래서 우리 집 리추얼 중 하나는 무슨 일이 있을 때 글로 주고받는 것이다. 생일, 결혼기념일, 애들 입학식 혹은 졸업식 때 꽤 많은 편지를 써서 주었다. 나 또한 아내와 딸들로부터 자주 편지를 받는다. 일생일대의 행사는 딸 결혼식이다. 난 딸만 둘인데 그들 결혼을 앞두고 뭔가 내 감정을 나누고 싶었다. 내 사랑을 전하고 싶었다. 그래서 딸들에게 편지를 썼다. 결혼식 이후 호텔에서 이 편지를 본 딸은 대성통곡을 하면서 울어 사위가 깜짝 놀랐다는 얘기를 나중에 들었다. 글은 사랑이다. 가장 좋은 사랑의 표현은 글이다. 개인적이긴 하지만 내가 딸들 결혼식 때 쓴 편지를 공개한다.

첫째 편지는 큰 애 결혼식 때 준 편지다.

축 결혼

누군가 제게 누구를 만났을 때 가장 기뻤느냐고 물어보면 전 지체 없이 제 딸 화영이를 처음 만났을 때라고 답할 겁니다. 공항에서 아내 품에 안겨 있는 그녀를 봤을 때입니다. 쟤가 내 아기구나, 내가 아빠가 되는구나, 내가 그녀를 책임져야 하는구나. 사실 책임감 따윈 별로 문제 되지 않았습니다. 그보다는 그녀가 제게 준 기쁨이 훨씬 컸기 때문입니다.

누군가 제게 언제가 가장 행복했느냐고 물어보면 전 주저 없이 답할 수 있습니다. 화영이를 키울 때, 화영이와 뒹굴며 놀 때, 그녀가 처음 아빠라고 불렀을 때, 그녀가 일등을 했을 때, 그녀가 좋은 짝을 데리고 왔을 때. 그녀는 제게 천사입니다. 제게 가장 큰 축복입니다. 누군가 제게 언제 가장 기쁘냐고 물어보면 전 자신 있게 답할 수 있습니다. 화영이를 위해 맛난 걸 사줄 때, 화영이와 함께 여행을 갈 때, 화영이와 낄끼덕거릴 때, 그녀는 저를 자주 놀립니다. 아니, 놀리는 게 취미 중 하나입니다. 하지만 저는 놀림을 당하는 게 좋습니다. 그 안에 사랑이 가득하기 때문입니다.

그녀는 밝고 명랑합니다. 예쁘고 날씬합니다. 공부도 잘합니다. 엄마에게도 잘하고 동생도 잘 보살핍니다. 물론 제게 가장 잘합니다. 제가 피곤해하면 옆에 누워 안마도 해주고 얼굴에 팩도 붙여줍니다. 아무리 피곤해도 우리 딸이 그윽한 눈빛으로 보면서 저를 사랑해주면 모든 피곤이 사라집니다. 세상에 이런 자식은 없을 겁니다. 그런 제 딸이 이번에 시집을 갑니다. 좋은 신랑을 만나 시집을 갑니다. 참으로 잘된 일입니다. 참으로 기쁜 일입니다. 참으로 축하할 일입니다.

누군가 제게 화영이에게 무엇을 바라느냐고 묻는다면 전 바라는 게 별로 없다고 바로 말할 수 있습니다. 이미 지난 30년 동안 너무 많은 기쁨과 사랑을 받았기 때문입니다. 그래도 또 물어본다면 한 가지를 말씀드리고 싶습니다. 그녀가 받은 사랑을 신랑과 자식에게 주라는 말을 하고 싶습니다. 그 사랑을 이웃과 사회를 위해 베풀라는 말을 하고 싶습니다. 오늘은 정말 기쁜 날입니다. 우리 화영이가 시집을 가는 날입니다.

화영아, 희수야 고맙고 고맙다. 잘살아라. 사람들에게 이렇게 멋지게 사랑하면서 살 수 있다는 걸 보여줘라.

2016. 6. 12 세상에서 너를 가장 사랑하는 아빠가

다음은 둘째 딸에게 보내는 편지다.

사랑하는 지연에게

지연이는 걱정이 없습니다. 늘 행복합니다. 엄마 뱃속에 있을 때 「돈 워리 비 해피 Don't worry, be happy」란 노래를 많이 들었기 때문일 겁니다. 전 그런 천성이 참 부럽습니다. 아마 천성대로 걱정 없이 잘 살 겁니다.

지연이는 사랑을 많이 받고 자랐습니다. 세상에 지연이만큼 많은 사랑을 받은 사람은 별로 없을 겁니다. 가난한 유학생이 애 둘을 키울 수 없어 지연이는 어릴 때 한국에서 할머니 할아버지 손에 자랐고 외삼촌 둘에 전용기사까지 있었답니다. 미국에 있었으면 베이비시터에게 갔겠지만 한국에 있으면서 정말 많은 사람의 사랑을 받았습니다.

지연이는 사랑스러운 아이입니다. 잘 웃고 유순합니다. 자기 고집을 내세우기보다 상대에게 맞추려 노력합니다. 어릴 때 같이 살던 할머니 집에 가겠다고 고집을 피웠던 것 외에는 엄마 아빠 말을 거역한 적도 없습니다. 누구랑 싸운 적도 없습니다. 지연이는 복덩이입니다. 지연이는 복을 불러오는 사람입니다. 얼

굴을 보면 왜 그런 말을 하는지 알 수 있을 겁니다. 분당에서 강남으로 오게 된 것도, 미국에 드나들면서 좋은 시간을 보낸 것도, 살림이 편 것도 다 지연이 덕분입니다. 동양학자 조용헌 선생도 지연이는 복을 불러오는 사람이란 얘기를 했습니다.

그래도 전 지연이에게 미안한 일이 있습니다. 어릴 때 1년 반을 헤어져 있던 것과 미국에 유학 가 7년을 헤어져 있던 일이 그렇습니다. 그래도 지연이는 씩씩하고 용감합니다. 영어 한마디 못했지만 당당하게 유학생활을 마쳤습니다. 쉽지 않은 일입니다.

지연이는 가족을 무척 밝힙니다. 특히 언니를 너무너무 사랑합니다. 밖에서 집에 들어와 하는 첫 마디는 늘 "언니는?"입니다. 어릴 때는 하도 언니와 붙어 다녀 껌딱지 같다는 얘기를 많이 했습니다. 언니와 그렇게 사이 좋게 지내는 걸 보면 두 사람의 인연도 보통은 아니란 생각을 합니다. 그런 지연이가 시집을 갑니다. 좋은 신랑을 만나 시집을 갑니다. 가족을 그렇게 밝히던 아이가 가족을 떠나 새로운 가족을 만납니다. 참으로 축하할 일입니다. 세상에 이보다 좋은 일은 없을 겁니다.

희범, 지연!! 잘살아라. 지금까지 그랬던 것처럼 앞으로도 행복하게 잘살아라.

2016. 11. 2 세상에서 지연이를 제일 사랑하는 아빠가

쓰면 남는다

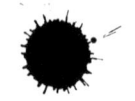

경치 좋은 곳에 놀러 간 사람들이 가장 많이 하는 말이 있다. "찍는 게 남는 것"이란 말이다. 그래서 참 열심히 사진을 찍는다. 구경을 왔는지 사진 찍으러 왔는지 헷갈릴 정도로 찍는다. 뷔페 같은 곳에서 하는 말도 비슷하다. 먹는 게 남는 것이란 말이다. 난 거꾸로 묻고 싶다. 우리는 인생에서 무엇을 남길 수 있을까? 어떻게 하는 게 남는 걸까? 부자들은 돈을 남길 수 있고 유명인들은 이름을 남길 수 있다. 근데 우리 같은 일반인은 과연 무엇을 남길 수 있을까? 바로 글이나 책이다.

내가 죽어도 내가 쓴 글이나 책은 남는다. 결국 쓰는 게 남는 것이다. 난 할아버지 얘기를 많이 들었다. 너무 괜찮은 분이란 얘기다. 능력도 있지만 됨됨이가 훌륭해 다들 따르고 존경했다는 것이다. 어머니도 좋아하고 큰어머니도 좋아하고 사촌형님도 할아버지 얘기를 많이 했다. 근데 난 본 적이 없다. 내가 태어나던 해에 돌아가셨기 때문이다. 난 사진으로만 할아버지를 봤다. 만약 그분이 쓴 글이 있다면 얼마나 좋을까? 글이 있다면 난 글을 통해 할아버지를 만날 수 있었을 것이다.

"호랑이는 죽어서 가죽을 남기고 사람은 죽어서 이름을 남긴다."란 속담이 있다. 여러분은 이 속담을 어떻게 해석하는가? 난 누구나 괜찮은 사람으로 기억되고 싶어한다는 걸로 해석한다. 누구나 뭔가를 남기고 싶어한다. 건강을 희생하면서까지 돈을 열심히 버는 사람이 많다. 왜 그럴까? 자기만 잘 먹고 잘살기 위해 그렇게까지 기를 쓰고 돈을 버는 건 아니다. 자식은 물론 손자에게 뭔가 남겨주고 싶기 때문일 것이다. 그런데 그렇게 피땀 흘려 번 돈은 과연 남을까? 죽는 순간 다 사라진다. 아니, 죽기 전부터 사라지는 경우도 흔하다.

내가 생각하는 진짜 내 돈은 현재 내가 쓰는 돈이다. 쓰는 돈만이 내 돈이고 은행에 있는 돈은 다 남의 돈이다. 그나마 죽고 나면 내 돈은 자식 돈 혹은 손자 돈이 된다. 사기를 당하면 엉뚱한 사람 돈이 되거나 얼음처럼 흔적도 없이 사라질 가능성이 높다. 그런 면에서 돈을 남기기는 쉽지 않다. 근데 그가 키운 사람이나 그가 베풀었던 사람은 남을 것 같다. 자식이나 제자 혹은 자신을 추앙했던 사람들 기억에는 남을 수 있다. 또 다른 하나는 글이다. 그가 쓴 글이나 책은 남아 있을 가능성이 높다. 무엇보다 글은 자식들에게 좋은 선물이 될 수 있다.

난 요즘 주원이 육아일기를 열심히 쓰고 있다. 부모도 아닌 할아버지인 내가 왜 육아일기를 쓰고 있는 것일까? 가장 큰 이유는 그때의 사랑, 벅차오르는 감정, 변화과정을 그냥 흘려보내는 것이 너무 아깝기 때문이다. 틈틈이 사진을 찍기도 하지만 사진만으론 뭔가 부족하다. 난 그때의 감정을 사진처럼 기록하고 싶다. 난 내가 쓴 글은 다시 읽지 않는데 육아일기는 다르다. 그 글은 틈틈이 꺼내어 다시 읽는다. 읽을 때마다 나도 모르게 미소를 짓게 되고 가슴이 충만해짐을 느낀다. 그때의 기억이 새록새록 떠오른다. 근데 내가 육아일기를 쓰는 가장 큰 이유가 있다. 바로 주원이를 위해서이다.

사람들은 손자를 위해 적금도 들고 부자들은 주식도 양도하지만 내가 생각하는 주원이에게 최고의 선물은 자신을 위해 쓴 육아일기일 것이다. 자기를 키우면서 가족들이 느꼈던 뜨거운 사랑을 글로 쓴 육아일기다. 우리가 죽을 때 무엇이 떠오를까? 어떤 것들이 떠오르면 좋을까? 내가 사랑했던 사람들이 나를 사랑했던 순간들이 아닐까? 아직 주원이는 말을 못한다. 자신을 사랑한다는 걸 알아 나를 쓰다듬고 재롱을 떨지만 시간이 지나면 그 사실을 기억하지 못할 것이다. 근데 주원이가 큰 후에 내가 쓴 육아일기를 보면 어떤 생각을 할까? 자신이 그렇게 사랑을 받으며 자랐다는 사실을 알면 기분이 어떨까? 정말 행복하고 자부심을 느끼게 될 것 같다.

글이란 왜 필요할까? 기억하기 위해서다. 잊히지 않기 위해서다. 글이 없다면 기억할 수 없고 당연히 잊힌다. 도현신이 쓴 『지도에서 사라진 사람들』이란 책을 보면 지구상에서 사라진 18개 종족 얘기가 나온다. 뮬란으로 유명한 유연족, 수메르인, 히타이트인, 에트루리안인, 켈트족, 흉노족, 탕구트족 등등……. 이들이 사라진 이유를 알고 있는가? 기록하지 않았기 때문이다. 역사를 기록할 문자가 없고 역사를 기록하지 않았기 때문이다. 예전에 자칭 한국의 천재라는 양주동이란 분이 있었다. 재치도 있고 입담도 좋고 내가 봐도 그는 천재였다. 하지만 지금 그를 기억하는 사람은 거의 없다. 천재였지만 저서가 하나도 없기 때문이다. 쓰는 것이 남는 것이다. 잊히지 않기 위해서는 글을 써야 한다.

『동물농장』의 작가 조지 오웰은 『나는 왜 쓰는가』라는 에세이에서 글 쓰는 이유로 네 가지를 꼽는다. 이기심, 아름다움의 추구, 역사에 남고 싶은 충동, 정치적 의도가 그것이다. 한 마디로 잊히지 않기 위해 글을 쓴다는 것이다.

당신이 누구인지 책으로 증명하라!

초판 1쇄 인쇄 2019년 10월 21일
초판 3쇄 발행 2025년 4월 1일

지은이 한근태
펴낸이 안현주

기획 류재운 **편집** 안선영 김재열 **브랜드마케팅** 이민규 **영업** 안현영
디자인 표지 정태성 본문 장덕종

펴낸 곳 클라우드나인 **출판등록** 2013년 12월 12일(제2013-101호)
주소 우) 03993 서울시 마포구 월드컵북로 4길 82(동교동) 신흥빌딩 3층
전화 02-332-8939 **팩스** 02-6008-8938
이메일 c9book@naver.com

값 15,000원
ISBN 979-11-89430-43-6 03320

* 잘못 만들어진 책은 구입하신 곳에서 교환해드립니다.
* 이 책의 전부 또는 일부 내용을 재사용하려면 사전에 저작권자와 클라우드나인의 동의를 받아야 합니다.
* 클라우드나인에서는 독자여러분의 원고를 기다리고 있습니다.
  출간을 원하는 분은 원고를 bookmuseum@naver.com으로 보내주세요.
* 클라우드나인은 구름 중 가장 높은 구름인 9번 구름을 뜻합니다. 새들이 깃털로 하늘을 나는 것처럼 인간은 깃펜으로 쓴 글자에 의해 천상에 오를 것입니다.